AF355289

PAPIER FRESSERCHEN
DIE BÜCHER MIT DEM DRACHEN
MTM-VERLAG

Impressum:

Besuchen Sie uns im Internet:
www.papierfresserchen.de

© 2018 – Papierfresserchens MTM-Verlag GbR
Mühlstr. 10, 88085 Langenargen
info@papierfresserchen.de
Alle Rechte vorbehalten. Erstauflage 2018

Lektorat: Melanie Wittmann
Herstellung: CAT creativ - www.cat-creativ.at

Fotos: © Ellen Driechciarz – mit Ausnahme des Fotos
auf S. 154 © carmenrieb sowie
Bilder Cover: © noriokanisawa, © M. Schuppich,
© Carola Schubbel, © jb_stock
– alle lizensiert Adobe Stock.

Gedruckt in der EU
ISBN: 978-3-86196-823-8

Was die Spatzen im Zoo von den Dächern pfeifen

Wahre Geschichten einer Abenteuerreise

Ellen Driechciarz

Text und schwarz-weiß Fotos

Inhalt

Vorwort

Hallo Kinder! Habt ihr das gehört?

In der dichten immergrünen Hecke neben dem Streichelzoo findet eine ohrenbetäubende Vollversammlung statt. Hier treibt sich nämlich ein Schwarm Haussperlinge herum und alle scheinen um die Wette zu tschilpen. Dann sammeln sie sich oben auf den frischen Trieben und – wusch – die ganze Sippe schwirrt eilig über den Weg in den Stall der Ziegen.

Habt ihr das gesehen, Kinder?

Frech und lärmend fallen die Spatzen in das Stallgebäude ein. Dort suchen sie gemeinsam nach Futter oder sie tragen Material für den Nestbau zusammen. Aber bald darauf fliegen sie weiter zu der offenen, sandigen Fläche und nehmen prompt ein ordentliches Sandbad. Zuerst scharren sie eifrig im trockenen Sand, dann kullern sie darin herum und am Ende schaufeln sie ihn sich sogar ins Gefieder. Da fragt sich sicher so mancher: „Sind sie etwa Dreckspatzen?"
Aber nein! Ein gründliches Staubbad befreit Sperlinge ganz einfach von lästigen Parasiten. Und auch sonst nehmen die munteren Gesellen die Gefieder- und Körperpflege sehr genau. Regelmäßige Wasserbäder und ausgiebige Sonnenbäder tragen ebenfalls zum Wohlbefinden und zur Gesunderhaltung von Haussperlingen bei.

Vom Luxusbad im Sand schwirren die Spatzen wieder in die schützende Hecke zurück. Behaglich schließen sie die Augen und halten ausnahmsweise mal den Schnabel. Doch lange hält die Ruhe nicht an. Schnell zwitschern sie wieder aus vollem Halse durcheinander und man merkt sofort, was Haussperlinge auch immer tun, gern tun sie dies gemeinsam. Deshalb sind sie überall im Zoo in kleinen oder in größeren Trupps anzutreffen. Es scheint allenthalben so, als trieben sie sich gern in Banden herum.

Zweifellos finden Haussperlinge in der Nähe von Tierhaltungen eine Heimat genau nach ihrem Geschmack, denn Orte wie diese bieten ihnen optimale Lebensbedingungen mit ausreichend Nahrung und Nistgelegenheiten. Streng genommen hängt heute davon sogar ihr Überleben ab. Als ausgesprochene Kulturfolger waren Haussperlinge stets da, wo auch Menschen lebten, und sie fanden in deren Nähe immer Nahrung und Wohnstätten. Aber im Laufe der Zeit haben sich die menschlichen Gewohnheiten verändert, wobei im gleichen Zuge die Überlebensmöglichkeiten für Haussperlinge schwanden. In der betonierten Stadt sind die geselligen Vögel häufig schon verschwunden. Doch zum Glück konnten sie sich in die grüne Oase mancher Zoos zurückziehen.

Das Hauptquartier von Haussperlingen ist entweder eine schützende Hecke, ein dichter Busch oder eine üppige Strauchzeile. Wie Mäuse huschen sie im Astwerk mal hierhin und mal dorthin, denn sie versuchen stets, sich neugierigen Blicken zu entziehen. Man würde sie kaum bemerken, doch dann verraten sie sich durch lautes Tschilpen. Erschreckt nicht! Es erinnert eher an Radau als an Vogelgesang, denn es ist ein unmelodisches, lärmendes Zwitschern und wird gern gemeinsam aus allen Kehlen vorgetragen.

Im dichten, unzugänglichen Gestrüpp sind Haussperlinge vor Feinden wie Katzen oder Greifvögeln ziemlich sicher. Von dort aus können sie jederzeit die Lage überblicken und dann entweder zum Futterfassen ausschwärmen oder sich bei Gefahr heimlich und leise tief in die sichere Deckung zurückziehen. Und nicht nur das. Im dichten Strauchwerk verbringen Spatzen sehr gern, weil nahezu unbeschwert, einen großen Teil ihres geselligen Familienlebens. Und überall dort, wo sie heimisch sind und sich auskennen, also in ihrem Revier, da sind sie weder zu übersehen noch zu überhören. Mitunter tummeln sie sich sogar mitten im Menschengedränge auf dem Boden und suchen zänkisch nach Nahrung.

Im Zoo lebt ein munterer Schwarm Haussperlinge beispielsweise mit Hausziegen unter einem Dach. Ein Stall wie dieser und die sich anschließenden Anlagen bieten einer fröhlichen Spatzengesellschaft ein attraktives Zuhause. Am Ziegenstall, entlang der Dachschrägen und unter den Schindeln, befinden sich genügend geräumige Nischen für den Nestbau. Das Nistmaterial wie etwa Heu, Strohhalme, weiche Tierhaare oder bunte Federn finden die Spatzen in nächster Nähe und Futter für die Jungen gibt es reichlich. So besetzen Jahr für Jahr zahlreiche Spatzenpärchen die Höhlungen und brüten in einer kleinen Kolonie die Eier aus. Jeder Spaziergänger kann leicht ihre Anwesenheit erkennen, denn die Nester machen mit unordentlich heraushängenden Halmen einen liederlichen Eindruck und nicht wenig Schmutz verursachen hinterlassene Futterreste und der Kot. Aber bereitwillig werden diese Beeinträchtigungen in Kauf genommen, sodass für die Spatzen die Welt noch in Ordnung scheint.

Werden jedoch in Zukunft Haussperlinge mit ihren Lebensansprüchen die Veränderungen in unserer gemeinsamen Heimat überstehen? Es bleibt zu hoffen. Verstummte der Tumult dieser stets fröhlichen Begleiter der Menschen, würde sicher etwas fehlen. Das liegt nicht zuletzt daran, dass ihre Gegenwart schon sehr lange und wie selbstverständlich im menschlichen Alltagsleben verwurzelt ist.

Sind jedoch Spatzen da, dann sind sie selten still. Immer tschilpen sie sich etwas zu. Darum könnt ihr, liebe Kinder, das muntere Spatzenvolk bei eurem nächsten Zoobesuch an vielen Stellen beobachten.

Vielleicht pfeifen sie wirklich spannende Geschichten von den Dächern, vielleicht auch solche, wie sie in diesem Buch beschrieben sind. Ihr müsst nur richtig hinhören.

Es beginnt im Frühling

Außergewöhnlich laut schallt an diesem Morgen das Hämmern eines Spechtes durch den Zoo. Immer wieder trommelt der Bursche auf den Stamm einer alten Birke ein, huscht um den Stamm herum und klopft an anderer Stelle weiter. Weil zur Stunde noch eine besondere Ruhe herrscht, ist der Hall der hämmernden Schnabelhiebe weithin zu hören. Dabei ist die Luft kühl und klar und verspricht einen freundlichen Frühlingstag. Aber nach und nach gesellen sich weitere Geräusche zum Trommelwirbel des Spechtes, denn muntere Vögel stimmen ihr Morgenkonzert an. Etwas später lassen sich auch die ersten Zootiere vernehmen und dann ist die Geräuschkulisse wie an jedem anderen Tag.

Die große Birke steht seit Jahr und Tag am Ziegenstall und ihre eindrucksvolle Erscheinung bietet allem ringsum wie selbstverständlich Schutz und Zier. Vor allem die weiße Rinde verleiht dem Baum ein freundliches Aussehen, obwohl das Alter die Borke am unteren Teil des Stammes hat schwarz aufreißen lassen. Lange, noch blattlose Zweige hängen in üppigen Strähnen von den Ästen herab und rascheln leise im Wind. Sie mögen jetzt noch kraftlos erscheinen, aber schon bald werden aus prallen Knospen zartgrüne Blätter sprießen.

Es ist erst Anfang März, doch das Brutgeschäft der Haussperlinge ist in vollem Gange. Vorerst stört sie niemand dabei, denn die Zugvögel kommen einige Zeit später aus dem warmen Süden in den Zoo zurück. Aber unter ihnen gibt es ein paar Nistplatzkonkurrenten, die sich ebenfalls für Brutplätze, wie sie Spatzen bevorzugen, interessieren. Haussperlinge verbringen jedoch auch den Winter am heimatlichen Ort, wo sie selbst in der kalten Jahreszeit genügend Nahrung und trockene Unterkünfte finden. Natürlich nutzen die Spatzenpärchen den Zeitvorsprung im Frühling aus, um sich beizeiten in ihren Brutrevieren häuslich einzurichten. Und dort geben sie dann, für alle weithin hörbar, den Ton an. Der Schwarm vom Ziegenstall hat nun ebenfalls die Nischen und Höhlen unter dem Dach des Hauses in Beschlag genommen und in Spatzenmanier machen alle Vögel viel Aufhebens darum. Die Nistplätze sind hart umkämpft und jede Eroberung wird lautstark bekannt gegeben. Das ganze Theater bekommen im Moment freilich die wenigsten Zoobesucher mit, denn so früh im Jahr und bei unbeständigem Wetter lassen sich selten welche sehen.

Überall sind die Spatzen zunächst mit der Balz und dem Nestbau beschäftigt. Bei der Werbung machen die Männchen den Weibchen schöne Augen und werfen sich mächtig in die Brust. Sogar auf ihr Aussehen bilden sie sich etwas ein, obwohl es da nicht viel zu sehen gibt. Haussperlinge haben schlichte Gefiederfarben, jedoch erscheinen die Männchen mit ihrem aschgrauen Scheitel, den kastanienbraunen Streifen an den Kopfseiten und dem schönen schwarzen Brustlatz bedeutend attraktiver als die unauffälliger gefärbten Weibchen. Und voller Elan zeigen sie das jedermann.

Der von Sperlingsmännchen vorgetragene Gesang betört wohl auch nur Spatzendamen. Für menschliche Ohren hört sich das unmelodische Tschilpen nicht gerade schön an, aber ihr gefällt es. Vor der Hochzeit hüpfen die Männchen aufgeplustert und mit aufgeregt flatternden Flügeln um das auserwählte Weibchen herum. Doch oftmals streiten sich mehrere Herren heftig um eine Dame, sodass es bei der Partnerwahl ganz schön ruppig zugeht. Sind sich jedoch zwei einig, wird ohne Scheu vor aller Augen und ziemlich beharrlich die Paarung vollzogen.

An derlei ungestümen Hochzeitsbräuchen beteiligen sich Anton und Elise nicht mehr. Die beiden haben sich vor etlichen Jahren gefunden und sind seitdem ein Paar. Damals hat sich Anton sofort in das reizende, junge Spatzenmädchen mit der weißen Feder im Brustgefieder verguckt. Und diese kleine, von ihrem Vater geerbte Eigenheit liebt Anton bis heute. Er dagegen hat Elise mit seinem großen Geschick beim Nestbau beeindruckt und für sich gewonnen. Sie gehören zusammen, so wie sich auch andere Haussperlinge ein Leben lang treu bleiben.

Anton und Elise sind längst keine Anfänger mehr. Sie haben jahrein und jahraus zuverlässig für gesunden Nachwuchs gesorgt, sodass sie es heute im gesetzten Alter gemächlicher angehen lassen und sich vor allem auf das Wesentliche konzentrieren. Während sich andere Spatzenpärchen noch um die Nistplätze raufen, haben sich Anton und Elise schnell für einen Brutplatz entschieden und ihn gleich besetzt. Doch letztlich gibt es in der Nähe für alle genügend Nistmaterial und reichlich Futter für die Jungen. Auch spendet die große, anmutig wirkende Birke den Spatzennestern unter dem Dach Schatten und sorgt damit in heißen Sommern für angenehme Kühle. Doch vor allem lieben Anton und Elise die Aussicht. Von ihrem Nest aus können sie jederzeit das lustige Treiben der Ziegen und sogar das der Zoobesucher beobachten.

An ebendieser idealen Stelle hat der fesche Baumeister Anton seiner Elise auch diesmal wieder ein sehr kunstvolles Nest präsentiert. Er baut nicht einfach nur stabil, nein, er überrascht Elise gern mit ausgesprochen weichen Daunen als Polstermaterial und schmückt das Nest zusätzlich mit bunten Federn aus. Nur er weiß, wo man so schöne Federn findet. Obwohl die Nachbarn über so viel Luxus ver-

wundert die Köpfe schütteln,
genießt Elise diese Aufmerk-
samkeiten und richtet sich
für das bevorstehende Brut-
geschehen in der prunkvol-
len Unterkunft gemütlich ein.

In der Zwischenzeit hat
Elise vier helle, unterschied-
lich graubraun gefleckte Eier
gelegt, die nun die volle Auf-
merksamkeit der Spatzeneltern verlangen. Jetzt heißt es
beharrlich brüten, denn nur
aus gleichmäßig gewärmten
Eiern schlüpfen kräftige Junge. Dazu wechseln sich bei-

de Partner ab, aber Elise übernimmt, wie alle Spatzendamen, die
Hauptarbeit.

Dann beginnt es zu regnen und das Wasser rinnt unaufhaltsam an
den überhängenden Zweigen der Birke herab. Dem Baum verleiht
das einen traurigen Ausdruck, der jedoch zum trübsinnigen Wetter
passt. Das Nest aber liegt geschützt und trocken. Beim Brüten unterstützt Anton seine Elise tatkräftig und er bringt ihr jeden Tag eine
neue, bunte Feder als Nestschmuck mit. Dafür fliegt er weite Wege
in den Zoo hinaus. Aber weder diese Anstrengung noch das schlechte Wetter macht ihm etwas aus. Des Nachts schlüpft er mit ins Nest
und zwitschert mit Elise in trauter Zweisamkeit. Gespannt erwarten
beide das Ende der fast 14 Tage dauernden Brutzeit.

Ein Nest voll junger Spatzen

Es ist der Morgen eines außergewöhnlichen Tages. Der Regen hat aufgehört und nach einem wunderschönen Sonnenaufgang lassen die Wolken nun endlich der Sonne den Vortritt am Himmel. Anton ist längst draußen unterwegs und genießt das schöne Wetter.

Aber was ist das? Deutlich spürt Elise in den Eiern ein kräftiges Zappeln und sie kann schwaches Piepsen hören. Ihr Herz macht einen kleinen Satz. Die Jungen wollen sich aus dem Ei befreien! Aufgeregt wartet Elise auf die Rückkehr von Anton, um ihm stolz die gute Nachricht zu verkünden. Während sie wartet, nimmt sie mit leisem Zwitschern Kontakt zu den Schlüpflingen auf und diese antworten ihr prompt. „Anton, es ist so weit!", ruft sie ihm bei seiner Ankunft entgegen und widmet sich rasch wieder den wackelnden Eiern.

Anton bleibt etwas länger am Nest, um Elise hilfreich zur Seite zu stehen. Angespornt von der Spatzenmutter, öffnen die Spatzenküken mit einem kleinen Eizahn auf ihrem Oberschnabel geschickt die Eischale und sprengen mit kräftigen Bewegungen letztlich die Hülle. Nach und nach schlüpfen im Nest vier gesunde Spätzchen aus den Eiern. Sofort nimmt Elise die Sprösslinge unter ihre Fittiche, denn junge Sperlinge sind erst einmal nackt und frieren schnell ohne Wärmequelle. Bis ihnen ausreichend Federn gewachsen sind, müssen sie von den Spatzeneltern gewärmt werden. Aber schon wollen die Spatzenküken mehr. Sie sperren munter ihre gelb umrahmten Schnäbelchen auf und verlangen nachdrücklich Futter. Von nun an werden die Eltern keine ruhige Minute mehr haben.

Das Geschehen im Nest hat Anton vom Rand aus neugierig verfolgt. Und nun sind die aufgerissenen Schnäbel der Startschuss für ihn, eilends Futter herbeizuschaffen. Elise wirft ihm ebenfalls einen auffordernden Blick zu und Anton macht sich mit einem kurzen Winken der Flügel auf den Weg.

Erwachsene Spatzen ernähren sich vorwiegend vegetarisch von Getreidekörnern und Sämereien. Die Jungvögel jedoch sind auf

Gedeih und Verderb auf tierische Kost wie Ameisen, Blattläuse und Raupen angewiesen. Und nun ist Anton auf unermüdlicher Jagd danach, von Sonnenaufgang bis Sonnenuntergang.

Mit viel Schwung landet Anton auf dem Nestrand und schon recken sich ihm die weit aufgesperrten Rachen seiner Kinder entgegen. Aber auch andere Vogeljunge reißen bei jeder Erschütterung des Nests instinktiv den Schnabel auf und dieser Anblick veranlasst Vogeleltern, dort tüchtig Futter hineinzustopfen. Alle Sperlingsvögel verhalten sich so. Es ist allerorts ein naturgemäßes Zusammenspiel, um das Überleben zu sichern.

Anton hat aus der reichhaltig bestückten Speisekammer in der Nähe für jedes Spätzchen etwas mitgebracht. Das Futter verteilt er nun geschickt, aber auch gerecht an die bettelnde Schar. Nachdem alle Rachen gestopft sind, schwirrt er wieder davon und ist bald darauf erneut mit gefülltem Schnabel zurück. Der ist diesmal sogar so voll, dass ihm die begehrten Futterbissen rechts und links heraushängen. Anton sieht aus, als ob er neuerdings einen Bart trüge, und Elise muss kichern. Dann schenkt sie ihm einen zärtlichen Blick.

Nachdem Anton den Weg zur Futterquelle noch etliche Male zurückgelegt hat, löst er Elise im Nest ab, die nun an seiner Stelle die Futtersuche übernimmt. Arbeitsteilung während der Jungenaufzucht ist bei Haussperlingen üblich und so halten es auch die beiden. Bis zum Abend wechseln sich die Partner immer wieder ab, doch schließlich ist es geschafft. Satt und zufrieden sind die drallen Spätzchen eingeschlafen und Elise nimmt sie schützend unter ihre Flügel. Die Sperlingskinder zwitschern wohlig im Schlaf, denn unter Mamas Federdecke schläft es sich so richtig gut. Daraufhin sinkt auch Anton dankbar ins Nest und kuschelt sich behaglich an.

Genauso wie die Haussperlinge legt sich auch der Tag zur Ruhe und die sanfte Dämmerung verspricht eine ruhige Nacht. Schnell schlafen Anton und Elise ein, denn Erholung ist jetzt wichtig.

Der nächste Morgen weckt die Spatzenfamilie wieder mit schönstem Sonnenschein. Eifrig beginnt Anton sein Tagwerk mit der Nahrungsbeschaffung und Elise kümmert sich um die Aufgaben am Nest. Es wird stets sauber gehalten und auch immer wieder mit frischen Halmen oder neuen Federchen ausgebessert. Jedoch bleibt nun für eine bunte Feder als Nestschmuck keine Zeit mehr. Immerhin erweist sich die ergiebige Futterquelle in der Nachbarschaft als verlässlicher Helfer bei der anstrengenden Jungenaufzucht. Und nach einiger Zeit werden die Eltern auch von den Jungen unterstützt, denn sie sorgen selbst für Sauberkeit, indem sie ihren Kot über den Nestrand nach draußen fallen lassen.

Dann wird das Wetter schlagartig unbeständig. Im Freien hat sich ein böiger Wind erhoben, der unermüdlich dunkle Wolken zusammentreibt, nur um sie ein wenig später wieder auseinanderzujagen. Dabei wechseln sich in schneller Folge kurze, kräftige Regenschauer mit leuchtendem Sonnenschein ab. Nachts ist es wieder ziemlich kalt, wohingegen die Temperaturen am Tag schon in angenehme Bereiche klettern. Alles in allem finden zurzeit merkwürdige Wetterkapriolen statt. Aber darüber wundern sich Anton und Elise nicht. Sie wissen, das ist der April und der macht nun einmal, was er will. Auch die anderen Mitglieder der Spatzenkolonie schenken dem Wetter keinerlei Beachtung, weil überall der Nachwuchs nach der Fürsorge der Eltern schreit.

Derweil hat die große Birke vor den Spatzennestern fast unbemerkt ihr Gesicht verändert, denn hellgrüne, zarte Birkenblätter haben die frische Frühlingsluft erobert. Es sind die ersten, wie mit einem Pinsel aufgetragenen Farbtupfer vor der grauen Häuserfassade. Dagegen hat die Natur ringsum längst im Sturmtempo grüne Gewänder verteilt. Viele Bäume und Sträucher blühen üppig und verströmen einen betörenden Duft. Und auf einmal sind noch andere Stimmen da. Unauffällig, doch zur rechten Zeit sind die Zugvögel in den Zoo zurückgekehrt und unterhalten mit wunderschönen Gesängen die ganze Nachbarschaft. Einige inspizieren auch den Ziegenstall, um hier vielleicht noch einen Platz zum Brüten zu finden. Sie sind ebenfalls Hausbewohner und so manches Vogelpärchen zieht mit in das Stallgebäude ein. Andere dagegen bauen kunstvolle Nester in Sträuchern, Hecken oder Bäumen.

Aus allen Winkeln erklingt ein fröhliches Tirilieren, genauso lebhaft, wie es die Farben des Frühlings sind.

Muntere Kinderstube
unter dem Dach

Die vier Sperlingskinder haben sich prächtig entwickelt. Sie blicken längst mit wachen Augen um sich und die ersten richtigen Federn sprießen. Damit werden die wärmenden Körper der Eltern mehr und mehr entbehrlich und Anton und Elise können gemeinsam zu den Futtergründen aufbrechen. Das ist auch notwendig, denn mit der Größe hat der Appetit der jungen Haussperlinge zugenommen. Jeden Abend, nach einem anstrengenden Arbeitstag, sind Elise und Anton froh, wenn die kleinen Nimmersatte zur Ruhe kommen. Dann schlüpfen sie erleichtert mit ins Nest und leise zwitschernd kuscheln sich alle aneinander. Dieses Mal sind drei Mädchen und ein Junge geschlüpft, die mit jedem Tag aktiver werden. Heiner ist ein frecher und vorwitziger Spatz. Er besetzt im Nest gern den Eingangsbereich, damit er seine Eltern und die mitgebrachten Insekten als Erster in Empfang nehmen kann. Aber da hat er die Rechnung ohne die Mädchen gemacht. Lisa, Moni und Tine sind genauso selbstbewusst, sodass bei der Futterübergabe stets großes Gerangel entsteht. Doch beherzt ordnen Elise und Anton das Durcheinander und schließlich schlucken die Kleinen artig die ihnen zugeteilten Portionen.

Neben der Mühsal der Futterbeschaffung hält der muntere Nachwuchs die Eltern auch noch anderweitig auf Trab. Die jungen Haussperlinge wollen nämlich unablässig ergründen, was um sie herum passiert. Aber auch dafür haben die Spatzeneltern ein erprobtes Rezept. Jetzt erzählen sie jeden Tag vor dem Einschlafen kleine Geschichten von ihrer Heimat, dem Zoo, und von seinen Bewohnern. Es gibt da nämlich viele fremdartige und wilde Geschöpfe, die entweder groß oder klein, behaart, befiedert oder sogar nackt sind. In jedem Fall sind alle Tiere, die den Zoo bevölkern, sehr interessant und sorgen für unerschöpflichen Erzählstoff. Mit ihren Geschichten können Anton und Elise die neugierigen Spätzchen wunderbar beschäftigen. Aber nicht nur das. Zugleich werden die jungen Vögel, ohne dass sie es merken, auf die Zukunft vorbereitet.

Voller Staunen hängen die Spatzenkinder an den Schnäbeln der Eltern, denn sie hören fantastische Geschichten. Manche Episoden können sie kaum glauben, denn allzu seltsam erscheinen sie ihnen. Darüber müssen Elise und Anton schmunzeln. Aber sie bekräftigen das, was sie schildern, denn sie haben in der bunten, exotischen Welt des Zoos so manches selbst miterlebt. Die anderen Geschichten kennen sie von ihren Eltern, weil sie von Generation zu Generation weitererzählt werden, damals haben sie selbst noch im Nest gesessen.

Am besten gefallen den vier Spätzchen die Abenteuer von Großvater Gustav, die er in seiner Jugend auf einer langen Reise durch den Zoo erlebt hat. Elise kennt sie natürlich alle und berichtet voller Stolz davon. Heiner und die Mädchen wollen immer mehr davon hören, zumal Elise alles sehr bildhaft schildert, so als sei sie selbst mit dabei gewesen. Am Ende meinen sogar die Sperlingskinder, sie wären mittendrin, und sie sind sich einig, ihren Großvater Gustav wollen sie unbedingt kennenlernen und genau wie er möchten sie eine Reise durch den Zoo unternehmen. Das spukt den Spätzchen ab sofort in den Köpfen herum.

Anton bemerkt die Reaktion seiner Jungen und ist belustigt. „Ihr habt dieselbe Neigung zur Abenteuerlust mit ins Nest gelegt bekommen wie euer berühmter Großvater", stellt er geradeheraus fest. Dann fügt er noch etwas Interessantes hinzu. „Heute ist Opa Gustav ein Gelehrter. Er lebt im großen Adlerkäfig am anderen Ende des Zoos und leitet dort eine eindrucksvolle Bibliothek. Eure Mutter ist sehr stolz auf ihren Vater."

Elise nickt.

„Was ist eine Bibliothek?", piepst Moni neugierig.

Heiner wartet die Antwort gar nicht ab. „Da wollen wir auch mal hin", platzt er ungehalten heraus.

„Pst!" Mit der Federspitze vor dem Schnabel schaut ihn Elise tadelnd an, bevor sie Monis Frage beantwortet. „In einer Bibliothek werden Bücher gesammelt, aufbewahrt und für Studienzwecke zur Verfügung gestellt. Opas umfangreiche Büchersammlung nutzen viele Haussperlinge, wobei einige sogar regelmäßig in der Bibliothek vorbeischauen. Jedoch besuchen manche Haussperlinge euren gelehrten Großvater auch, um sich bei ihm einen Rat zu holen."

Die Sperlingskinder staunen nicht schlecht und eifrig wiederholt Heiner seinen Wunsch von vorhin. „Da wollen wir auch mal hin." Auffordernd schaut er Lisa an, denn sie würde sich, genau wie er, sofort in jedes Abenteuer stürzen. Doch auch Moni und Tine, die normalerweise viel zurückhaltender sind, unterstützen Heiner in seinem Wunsch.

Mit ihrer Fragerei bringen die Spatzenkinder die Eltern ganz schön ins Schwitzen. Lange können sie die ungeduldigen Spätzchen nicht mehr im Zaum halten.

Elise tschilpt: „Geduldet euch noch ein wenig. Erst wenn ihr ausgeflogen und selbstständig seid, könnt ihr euch auf einer Abenteuerreise die Tiere anschauen und auch aufregende Begegnungen mit Zoobesuchern haben. Doch jetzt schlaft schön." Sie behandelt die Jungen mit Nachsicht und wünscht ihnen eine gute Nacht.

Anton hat für sie auch noch einen tröstenden Tipp parat. „Und während ihr schlaft, könnt ihr ja schon einmal von euren Streifzügen durch den Zoo träumen."

Allerdings hoffen Anton und Elise auf die Standorttreue, die Haussperlingen üblicherweise eigen ist, denn wie allseits bekannt ist, bleibt diese Vogelart gern in ihren angestammten Revieren und breitet sich nur vorsichtig in neuen Gebieten aus. Und gerade deswegen machen sich Anton und Elise vorerst keine Sorgen um die Zukunft ihrer Kinder. Was soll dem Nachwuchs zu Hause schon passieren? Sie haben jedoch keine Ahnung, welcher Plan im Kopf der Kleinen heranreift.

Mit zunehmendem Alter der kleinen Haussperlinge rückt verständlicherweise der Termin zum Ausfliegen näher. Das helle Licht am Rand des Nestes zieht nicht nur den Jungen, sondern auch die drei Mädchen mächtig in seinen Bann. Heiner und Lisa sind kaum noch zu zügeln und auch die braven Mädchen Moni und Tine sind ganz flatterig. Ihr Flüggewerden steht wohl kurz bevor. Nun ist für Anton und Elise der Zeitpunkt gekommen, an dem sie von den Gefahren, die es außerhalb des Nistplatzes gibt, berichten müssen. Die letzten Abende im Nest nutzen sie, um die Jungen darüber aufzuklären.

Anton und Elise geben sich große Mühe, um ihre Ratschläge für ein langes und sorgenfreies Spatzenleben loszuwerden. Sie wissen aber auch, dass jeder junge Vogel eigene Erfahrungen sammeln muss. Doch die kleinen Spatzen überraschen ihre Eltern. Sie lauschen den wichtigen Verhaltensregeln ebenso aufmerksam wie vorher den merkwürdigen, jedoch unheimlich spannenden Erzählungen über den Zoo und seine Tiere.

Die Ermahnungen der Spatzeneltern

Haben junge Vögel ihr Nest verlassen, sind sie keineswegs selbstständig. Obwohl ihnen einige Verhaltensweisen angeboren sind, müssen sie andere erst erlernen. Dabei ahmen sie entweder ihre Eltern nach oder sie probieren es selbst aus. Doch wie überall in der Natur wird auch manches Spatzenkind nicht alt.

Noch hocken Heiner, Lisa, Moni und Tine sicher im Nest, aber schon bald werden sie eine neue, für sie fremde Welt erobern, in der es natürlich viele Abenteuer, aber auch etliche Hindernisse geben wird. Anton und Elise machen die Kleinen nun auf verschiedene Gefahren, die ihr Leben draußen bedrohen können, aufmerksam und sie versuchen, ihnen für jede einzelne die richtige Verhaltensweise einzuschärfen.

Erfahrungsgemäß können junge Vögel nach dem Ausfliegen nicht gleich selbstständig Nahrung finden. Sie müssen erst lernen, welches Futter das richtige ist und an welchen Stellen sie es finden können. Auch gerade flügge gewordene Haussperlinge sitzen noch einige Zeit in der Gegend herum und warten darauf, dass die Eltern mit Futter zu ihnen kommen, um es ihnen in den Schnabel zu stecken. Doch in Menschennähe besteht das große Risiko, entdeckt zu werden.

„Setzt euch stets geschützt und am besten abseits hin, aber niemals inmitten von Besuchern", legen Anton und Elise ihren Jungen als Erstes ans Herz. Sie können ein Lied davon singen, dass allzu oft scheinbar hilflose Vögel von Menschen in vermeintlich guter Absicht aufgesammelt und anschließend weggetragen werden. „Sollte euch das passieren, können wir euch nicht wiederfinden."

Die Warnung zeigt Wirkung, denn erschreckt rücken die Kleinen enger zusammen. Aber schon erfahren sie von einer anderen Gefahr. Bekanntermaßen fühlen sich Haussperlinge von Tierställen magisch angezogen, weil sie ihnen eine willkommene Rundumversorgung bieten. Finden die Vögel Schlupflöcher in diese Unterkünfte, gehören sie sogar zu ihren angenehmsten Aufenthaltsorten. Doch vorerst fordern Elise und Anton, dass sich Heiner und seine Schwestern von Ställen fernhalten, obwohl sie später, wenn sie besser Bescheid wissen, von diesen profitieren werden.

Jetzt bekommen sie aber zu hören: „Fliegt nicht in unbekannte Tierhäuser! Die Stalltüren können unerwartet verriegelt werden und damit ist euer Weg nach draußen abgeschnitten."

Die jungen Haussperlinge versprechen es.

Als Nächstes betonen die Sperlingseltern die Unfallgefahr, die Fensterscheiben bergen. Im Zoo gibt es schließlich eine Menge davon. „Gebt auf Glasscheiben acht!", mahnen sie die Jungen und Elise erklärt, warum.

„Wenn ihr dagegenfliegt, könnt ihr euch schwer verletzen und im schlimmsten Fall kann der Zusammenstoß zum Tode führen. Da viele Tiergehege mit allerlei Sichtscheiben versehen sind, solltet ihr beim Fliegen stets aufmerksam die Umgebung betrachten. Später könnt ihr euch auch die Stellen mit den Glasscheiben einprägen."

Mit ernsten Mienen betrachten Elise und Anton ihren Nachwuchs und müssen feststellen, dass den Spatzenkindern von den Neuigkeiten schon die Köpfe schwirren. Sie beschließen deshalb, dass es für heute genug Belehrungen gab. Mit leisem Zwitschern wiegen sie die Jungen in den Schlaf.

Erst am nächsten Abend geben Anton und Elise weitere Lektionen zum Besten. Die vier Spätzchen sind hellwach und lauschen wieder artig jedem gut gemeinten Ratschlag der Eltern.

Zuerst erklären Anton und Elise ausführlich die Vorzüge einer breiten und dicht gewachsenen Hecke. Naturgemäß ist sie ja der Lieblingsaufenthaltsort eines jeden Haussperlings, denn sie bietet überlebenswichtigen Schutz und ist der ideale Ausgangspunkt, von dem Haussperlinge im Gruppenverband zu den Nahrungsquellen und zum Staubbaden ausschwärmen können.

Elise fordert die Jungen auf, stets die Sicherheit einer Hecke zu suchen. „Wenn ihr auf uns wartet, dann dort. Von den oberen Zweigen könnt ihr bequem Ausschau halten, euch aber zum Schutz vor Feinden, die uns jagen und fressen wollen, schnell in das schützende Dickicht zurückziehen."

Daraufhin erzählt Anton ausführlich von den Feinden. „Angreifer aus der Luft sind wendige Greifvögel wie Sperber, Habichte oder Turmfalken. Sie haben kräftige Füße mit scharfen Krallen. Seid ihr erst einmal in ihre Fänge geraten, gibt es keine Rettung." Er macht eine Pause, um seine Worte wirken zu lassen. Dann fährt er fort. „Ein anderer Jäger lauert am Boden. Recht unauffällig schleichen sich Hauskatzen an, um blitzschnell ihre anvisierte Beute zu packen. So anschmiegsam wie Katzen auch tun, sie sind geschickte Vogelfänger, das ist altbekannt." Schließlich hebt Anton mahnend seine rechte Flügelspitze, um die Jungvögel daran zu erinnern, sich am besten im Schwarm zu halten. „Damit ist die Gefahr für den Einzelnen geringer", begründet er.

„Und bei jedem Alarm müsst ihr euch schnell in einem Busch, einem Strauch oder in einer Hecke verstecken", wiederholt Elise noch einmal.

Die größte Sorge von Elise und Anton ist allerdings, dass die Kinder die Gefahren nicht ernst genug nehmen und etwas Unbedachtes tun. Das Leben im Zoo kann für Haussperlinge leicht und bequem sein, aber abenteuerlustige Spatzen, denen der Schalk im Nacken sitzt, geraten sicher in so manche gefahrvolle Situation. Nicht zuletzt geben sie den Jungen daher noch einen besonders wichtigen Hinweis mit auf den Weg: „Manche Zootiere, die sich natürlicherweise auch von Vögeln ernähren, stellen ebenfalls eine große Gefahr dar. Sie können uns fangen, obwohl sie ausreichend Futter bekommen. Dieser Bedrohung sind wir Spatzen ausgesetzt, wenn wir uns allzu sorglos in Tieranlagen aufhalten."

Den Kleinen bleibt vor Schreck der Schnabel offen stehen. Dass die Zootiere, auf die sie sich am meisten freuen, auch gefährlich sein können, hätten sie nicht gedacht. Sollten sie vielleicht ihre Exkursion durch den Zoo nicht allein, sondern mit einem erfahrenen Führer unternehmen? Angestrengt überlegen sie, was sie tun können.

„Ich glaube, ich habe die Lösung gefunden", verkündet Heiner seinen Schwestern etwas später und leise erzählt er ihnen von seinem Plan.

Die Eltern indes hoffen sehr, dass die Jungen den Ernst der Lage erkannt haben und besonnen in das bevorstehende Leben starten werden. Ihnen ist aber auch bewusst, dass die Geschwister sehr wissbegierig und unternehmungslustig sind. Wo wird ihr Lebensweg sie hinführen? Darüber machen sie sich schon große Gedanken. Als erfahrene Sperlingseltern haben sie jedoch alles getan, um ihre Sprösslinge gut vorzubereiten.

Der erste Ausflug in den Zoo

Seit dem Schlupf der Spatzenjungen sind nun nahezu drei Wochen vergangen und geschäftig wie immer sind Anton und Elise früh am Morgen davongeflogen. Doch wo bleiben sie heute nur so lange? Ungeduldig werden sie von den vier Spätzchen erwartet, denn mit der Zeit wird ihr Hunger immer schlimmer.

Heiner hüpft auf den Rand des Nestes, damit er als Erster das Futter von den Eltern in Empfang nehmen kann, doch auch die Mädchen drängen nach vorn. Heiner wehrt sie ab und verspricht, ihnen den Futteranflug zu melden. Das gefällt Lisa überhaupt nicht, darum hopst sie geschickt an Heiners Seite. Sofort drängeln sich Moni und Tine auch noch dazwischen und alle spähen erwartungsvoll nach draußen.

Moni scheint die besten Augen zu haben. „Ich sehe Mama und Papa. Dort unten sitzen sie", ruft sie laut und zeigt den anderen die Stelle.

Daraufhin zwitschern die vier vor Aufregung durcheinander und flattern heftig mit den Flügeln, was gleichzeitig eine Aufforderung an die Eltern zum Füttern sein soll. Doch diese beachten ihre Sprösslinge überhaupt nicht. Sie hüpfen draußen auf der Erde herum, picken eifrig irgendetwas auf und setzen sich danach auf einen Holzzaun. Unterdessen werden die Sperlingskinder immer aufgeregter. Als sie nicht mehr weiterwissen, rufen sie, um die Eltern auf sich aufmerksam zu machen, und endlich schauen die beiden herauf. Da fordert Elise die Kleinen auf, aus dem Nest zu ihnen herunterzufliegen. Nun schauen Heiner und die Mädchen ganz verdattert drein. Was ist denn das für ein Tag? Heute sollen sie ihr Nest verlassen und den Eltern hinaus in den Zoo folgen? Sie rücken erst einmal ängstlich zusammen, denn bei dieser neuen Perspektive wird ihnen ganz schwindelig. Zu ihren Füßen liegt schließlich eine unbekannte Welt.

Es dauert eine Weile, bis sich die vier Spätzchen an den weiten Ausblick in den Zoo gewöhnt haben, aber irgendwann wagen sie sich, einer nach dem anderen, hinaus. Und plötzlich fliegen sie, denn das Fliegen ist ihnen angeboren. Jedoch müssen sie noch etwas üben, weil es nicht so einfach ist, die Kurve zu kriegen. Deshalb flattern sie zuerst nur eine kurze Strecke und merken alsbald, dass sich auch die Landung als schwierig erweist. Recht ungeschickt kommen die Mädchen nacheinander auf der Mauer am Ziegenstall an. Heiner dagegen macht eine Bauchlandung im Heuhaufen daneben. Aber schnell schüttelt er sein Gefieder wieder glatt und hüpft eilig auf die Mauer zu seinen Schwestern hinauf. Dann lachen alle befreit. Zum Glück haben sie wieder festen Boden unter den Füßen.

Sofort lassen sich Elise und Anton bei ihnen nieder und die Sperlingskinder bekommen an diesem Tag endlich ihr erstes Futter überreicht. Freudig sperren alle vier die immer noch gelb umrahmten Schnäbel weit auf, schwirren heftig mit den Flügeln und geben laute Bettelgeräusche von sich. Schnell sind die Rachen gestopft und die Spatzeneltern auch schon wieder unterwegs, um für Nachschub zu sorgen.

Fürs Erste gestärkt, betrachten die Spätzchen staunend die fremde Umgebung. Dabei bemerken sie zwei Tiere, die sich am Heuhaufen neben der Mauer zum Fressen eingefunden haben. Weil sie ihnen nicht geheuer vorkommen, rücken sie unwillkürlich enger zusammen.

Als das Spatzenpaar wieder zum Füttern erscheint, fragt Heiner mit vollem Schnabel: „Was sind denn das für Tiere, sind die gefährlich?"

„Aber nein, die sind nicht gefährlich. Das sind Zwergziegen, die von Kindern gestreichelt und auch mit Futter aus einem Automaten gefüttert werden dürfen", erklärt Elise, nachdem ihr Schnabel wieder leer ist.

Anton erzählt außerdem: „Wenn viele Besucher kommen, fallen für uns auch einige Bröckchen ab." Und schon brechen die Eltern wieder zur Nahrungssuche auf.

Na, das ist ja interessant! Das sind also die Zootiere, die direkt vor ihrer Haustür leben. Vielsagend schauen sich die Spätzchen an, denn kaum haben sie einen gefüllten Bauch, hat auch ihre Entdeckerlust wieder die Oberhand gewonnen. Schnell sind sie sich einig, dass sie diese Ziegentiere sofort etwas genauer betrachten wollen. Sie machen sich bereit, um näher an die Tiere heranzuflattern, als dieses Vorhaben energisch von der Spatzenmutter vereitelt wird.

„Was haben wir euch im Nest erklärt? Ab mit euch an einen sicheren Ort! Die Welt entdecken könnt ihr später noch, wenn ihr gut genug fliegen könnt." Elise scheucht die Jungen vor sich her in eine kleine, abseits gelegene Hecke, so wie sie es gelernt haben.

Natürlich erinnern sich Heiner und die Mädchen an die Vorsichtsmaßnahmen, die ihnen im Nest lang und breit erklärt worden sind. Die interessanten Dinge ringsum haben sie jedoch so fasziniert, dass sie daran überhaupt nicht mehr gedacht haben. Sofort versprechen sie der Mutter, alle weiteren Schritte und Flüge erst einmal nur unter Aufsicht und gemeinsam zu unternehmen. So warten sie geduldig, bis die Eltern nochmals mit Futter zu ihnen zurückkehren.

In der Zwischenzeit stellen die Kinder aber mit Freude fest, dass es in der Hecke auch sehr schön ist. Nach außen hin ist sie gut abgeschirmt und in den verschiedenen Etagen können Vögel prima hin und her hüpfen. Das probieren alle gleich aus und sie haben großen Spaß dabei. Aber Moni hat schnell genug davon. Sie setzt sich lieber auf einen der oberen Äste der Hecke, von dem sie eine gute Aussicht hat, und schaut sich die Umgebung an. Das Treiben da draußen fesselt sie, weshalb sie Heiner, Lisa und Tine begeistert zu sich ruft. Dann beobachten sie gemeinsam von ihrem Ansitz aus die Gegend.

So artig versammelt treffen Anton und Elise die Kleinen bei der nächsten Fütterung an. Sie freuen sich sehr über den Gehorsam ihres Vierergespanns. Beschwingt überreichen sie die Futterportionen und bleiben diesmal bei den Jungen. In aller Ruhe fangen sie an sich zu putzen und die Kleinen machen emsig mit. So bringt jeder gewissenhaft sein Gefieder in Ordnung, bevor sie in der Hecke ein geräuschvolles Zwitschern anstimmen. Dabei sind Heiner und Lisa etwas lauter als Moni und Tine, aber jedes Spätzchen ist mit demselben Eifer bei der Sache.

In nächster Zeit wird das typische Sperlingsgeplauder der kleinen Familie aus diesem Unterschlupf zu hören sein. Von Elise und Anton als Familienstützpunkt auserkoren, bietet er allen Komfort, wie Haussperlinge ihn lieben. Er ist eine gemütliche Schlafstelle, bietet Schutz vor Feinden und ist Ausgangspunkt für gemeinsame Ausflüge zu den Futterstellen und den wichtigen Sandbadeplätzen.

Junge Haussperlinge erobern die Welt

Die erste Nacht ohne ihr kuscheliges Nest haben die Spatzenkinder gut überstanden. Doch erst spät am Morgen sind sie mit den Eltern im ungewohnten Nachtquartier aufgewacht. Nun rekeln und strecken sich alle genüsslich, schütteln eifrig ihr Federkleid auf und blinzeln dann zufrieden in den freundlichen Tag. Elise und Anton halten sich jedoch nicht lange auf, denn sie müssen wieder zur Nahrungsbeschaffung los. Die Aufgabe als Versorger ihrer Spatzenbrut ist noch längst nicht erledigt. Die vier unselbstständigen Spatzen werden von ihnen noch so lange geduldig verköstigt, bis sie gelernt haben, sich selbst zu versorgen.

Als Anton und Elise davonschwirren, schauen ihnen die Kinder vertrauensvoll hinterher. Sie haben jetzt nichts weiter zu tun, als zu warten. Eine Weile beschäftigen sie sich damit, in der Hecke umherzuhüpfen. Dann setzen sie sich in eine günstige Warteposition,

schließen die Augen und genießen die warmen Sonnenstrahlen. Bestimmt sind die Eltern bald zurück.

In regelmäßigen Abständen kommen Anton und Elise mit Futter zu den Jungen zurück. Geschäftig fliegen sie hin und her, bis sie nach wenigen Tagen ihre Strategie ändern. Nun bleiben sie mit den Futterhappen in einiger Entfernung sitzen. Damit wollen sie die hungrigen Spätzchen zu sich locken, aber die haben schnell den Bogen raus. Unerschrocken folgen sie den Eltern überallhin und stärken dabei ihre Flugmuskulatur. Schon bald huschen sie gekonnt durch Hecken, schwirren elegant von Busch zu Busch, flattern hurtig über Besucherwege und sausen geschickt um Ecken herum, genau wie die Großen.

Auf ihren Flügen beobachten Heiner und die Mädchen alles um sich herum sehr aufmerksam und schon bald wissen sie, wo sich die Futtersuche lohnt und was es dort alles gibt. Und so ganz nebenbei lernen sie, endlich allein zu fressen. Sie futtern nun ebenfalls Sämereien und Körner wie alle älteren Spatzen.

„Insekten sind was für Knirpse", verkündet Heiner hierauf frech und auch die Mädchen fühlen sich jetzt sehr erwachsen.

Insektennahrung steht der Vogelwelt nicht das ganze Jahr zur Verfügung, deshalb fliegen viele Vogelarten im Herbst in südliche Länder. Haussperlinge finden jedoch immer Futter. Aus diesem Grund bleiben sie ihrer Heimat selbst im Winter treu. Obendrein beschert ihnen die Nähe zum Menschen zusätzlich eine Reihe ergiebiger Nahrungsquellen. Jedoch geraten neuerdings die Hausnachbarn des Menschen immer mehr in Not. Das liegt daran, dass sich für beide die Lebensbedingungen geändert haben. Während die einen ein modernes Wohnambiente bevorzugen, darben die anderen in diesem Umfeld. Da fehlt es Haussperlingen nämlich an Futter und Nistmöglichkeiten für die Jungenaufzucht und auch sonst sind natürliche Nahrungsmittel rar. Deswegen sind Erfindergeist und Mut zur Anpassung gefragt.

Ein Leben im Zoo allerdings ist wie geschaffen für Haussperlinge, denn es bietet den kleinen, vorwitzigen Gesellen eine Vielzahl an Leckereien. Neben ihrer eigentlichen Nahrung, die sie im grünen Park natürlich überall finden, können sie sich entweder bei den Futtermitteln für die Zootiere bedienen oder sie leben von den anfallenden Krümeln, die ihnen Zoobesucher nur zu gern an Imbissbuden, Kiosken oder auf Gaststättenterrassen überlassen. Schon bald werden auch die vier Spatzenkinder diese reiche Palette an Futtermitteln kennenlernen.

Zunächst schwärmen Anton und Elise regelmäßig mit ihnen auf die umliegenden Tieranlagen aus. Die Spätzchen staunen nicht schlecht, denn die Zootiere teilen widerspruchslos ihre Mahlzeiten mit ihnen. Später suchen sie in den angrenzenden Grünanlagen nach den Sämereien von Wildkräutern, die auf gar keinen Fall auf ihrem Speiseplan fehlen dürfen und hervorragend schmecken. Bei dem nahezu verschwenderischen Futterangebot ringsum ist es kein Wunder, dass noch viel mehr Sperlingsfamilien im Spatzenrevier auf Nahrungssuche unterwegs sind. Heiner und seinen Schwestern gefällt diese Betriebsamkeit. Sie fühlen sich genau wie andere Haussperlinge erst in Gesellschaft richtig wohl. Und irgendwann, wie auf ein geheimes Zeichen hin, treffen sich die umherstreunenden Gruppen in einer der vielen Hecken und veranstalten dort gemeinsam ein Spektakel, wie nur Haussperlinge es können. Elise, Anton und die Kinder sitzen mittendrin und tschilpen ebenfalls, was das Zeug hält. Die Stimmen der Kleinen sind noch nicht so kräftig, aber sie machen das mit entschlossener Ausdauer wett. Anschließend ziehen die Familien, eine nach der anderen, zur beliebten trockenen Sandstelle im Wisentgehege. Dort steht für alle ein genüssliches Staubbad zur Gefiederpflege an. Manchmal ist das Sandbad jedoch belegt, denn auch die Wisente lümmeln gern an diesem Ort herum.

So plätschern die Tage im Gleichklang dahin. Doch dann erleben die Sperlingskinder unerwartet etwas Neues. Am Mittag schwirrt ein Spatzentrupp eilig an ihnen vorbei und verschwindet schnell aus ihrem Blickfeld. Sie schauen noch verwundert hinterher, als schon der nächste Pulk folgt, ebenso zielstrebig.

„Wo wollen denn alle hin?", fragt Moni erstaunt.

„Es ist Wochenende", ruft Anton freudig aus. Er weiß, wohin die Sperlinge unterwegs sind.

An den Wochenenden kommen mehr Besucher in den Zoo als an den Wochentagen. Dann bevölkern sie natürlich auch den Imbiss am Streichelgehege. Und bei großem Ansturm bleiben immer wieder Essensreste liegen, an denen sich findige Haussperlinge gütlich tun. Manche Gäste teilen sogar gleich ihr Essen mit den niedlichen Vögeln, denn das bereitet ihnen viel Vergnügen. Alte, erfahrene Haussperlinge kennen diese Glückstage und suchen gezielt den Imbiss bei der Nahrungssuche auf.

Heute ist es also wieder so weit. Für Anton und Elise die Gelegenheit, die Jungen, den anderen hinterher, zum Imbiss am Streichelgehege zu führen.

„Kommt, Kinder. Wir zeigen euch eine neue Futterstelle." Elise winkt den Kleinen, ihr zu folgen, und beschwingt machen sie sich auf den Weg.

Bislang sind den Spätzchen die fremdartigen Delikatessen unbekannt, jedoch soll sich das gleich ändern. Erwartungsvoll schwirren Heiner, Lisa, Moni und Tine den Eltern hinterher.

Zunächst setzen sich die Sperlingskinder in gebührendem Abstand zur unbekannten Futterstelle nieder. Von dieser Position aus wollen sie das Geschehen erst einmal beobachten, denn gelernt ist gelernt.

„Gut gemacht", freut sich Elise und betrachtet ihren Nachwuchs stolz. Dann fordert sie die Kleinen auf, sich in das Gewirr aus Tisch-, Stuhl- und Menschenbeinen hineinzuwagen, denn dort liegen die anvisierten Happen.

Heiner schnappt vor Schreck nach Luft und auch Lisa bleibt der Schnabel offen stehen. Moni überlegt angestrengt, wie das gehen soll. Wenn sie dorthin wollen, müssen sie als Erstes ihre angeborene, aber in vielen anderen Situationen angebrachte Scheu überwinden. Das ist leichter gedacht als getan. Elise muss dem ängstlichen Nachwuchs richtig Mut machen, bis er bereit ist, ihr zu folgen. Sie zeigt den Kleinen genau, wie es geht, und nach einer Weile trauen sie sich und tummeln sich ebenso ausgelassen wie die anderen munteren Spatzen am Boden unter den Tischen. Dort fällt für jeden genügend ab. Dabei merken die Spätzchen schnell, wer am drolligsten herumhopst, bekommt von den Menschen die Köstlichkeiten sogar persönlich serviert. Heiner und Lisa sind ihnen gegenüber gleich sehr zutraulich und werden deshalb reichlich mit Futterbröckchen, die ihnen vor allem Kinder zuwerfen, belohnt. Weil Moni und Tine nicht so mutig sind, tragen Heiner und Lisa ihre erbeuteten Leckereien zu den beiden, um sie mit ihnen zu teilen. Geschwister müssen doch zusammenhalten. Jedoch überwinden auch die Zaghaften nach einiger Zeit ihre Furcht und holen sich das Futter selbst.

Ein Gutes hat der Menschenandrang am Kiosk. Je mehr Besucher da sind, umso ergiebiger ist das Angebot für die Haussperlinge. Doch irgendwann passt auch in einen noch so hungrigen Bauch nichts mehr hinein. Da machen sich Elise und Anton mit den Spätzchen zur Tiertränke am Ziegenstall auf, spülen alles mit mehreren Schlucken Wasser hinunter und flattern weiter in die Hecke am Haus. Eine Verdauungspause tut jetzt gut. Träge blinzeln sie in die Gegend und zwitschern diesmal nur leise vor sich hin.

Aufgeschoben ist nicht aufgehoben

Sie müssen wohl eingeschlafen sein. Unsanft werden die Sperlingskinder von großen, kalten Wassertropfen geweckt. Erschrocken verziehen sie sich tiefer in die Hecke.

„Ein schöner Regenschauer", freut sich Elise aufgekratzt. „Kommt wieder nach oben, wir wollen ein Bad nehmen", ermuntert sie die Kleinen.

Zögernd hüpfen die Jungen zurück auf die Zweigspitzen an die Seite der Eltern. Dort oben bleiben sie einfach im Regen sitzen und lassen die Tropfen geduldig auf sich niederfallen. Gelegentlich verteilen sie das Wasser überall im aufgeplusterten Gefieder, bis es irgendwann nass genug ist. Dann bearbeiten die Haussperlinge ihre feuchten Federn gründlich mit dem Schnabel. Sie werden sauber geputzt, sorgfältig aufgelockert, ordentlich geglättet und tadellos in Form gelegt. Am Ende braucht das Gefieder nur noch vollständig zu

trocknen und das reinigende Bad ist abgeschlossen. Sogleich fühlen sich die Sperlinge wie in ein neues Federkleid gehüllt.

Eine Weile bleiben sie noch auf den Zweigen hocken, aber den Spatzenkindern fallen schon wieder die Augen zu, denn auch das Bad hat sie auf angenehme Weise müde gemacht. Anton und Elise sind sich einig, dass sie am besten in ihre gewohnte Schlafhecke zurückkehren. Sogleich machen sie sich auf den Weg.

An der nächsten Weggabelung halten die Eltern jedoch noch einmal kurz an. Elise weist mit dem Flügel einen Besucherweg hinunter, den die Jungen bis jetzt noch nicht kennengelernt haben. Sie schauen neugierig in die angegebene Richtung und dann erwartungsvoll zu ihrer Mutter.

„Auf diesem Weg gelangt ihr zu Opa Gustav", bekommen sie überraschenderweise zu hören und Elise fügt noch die genaue Wegbeschreibung hinzu. „Ihr müsst über zwei Kreuzungen hinweg bis zu einer weiteren Kreuzung fliegen. Dort biegt ihr rechts ab und folgt dem neuen Weg. Auf dieser Strecke schwirrt ihr an zwei Hecken vorbei, passiert drei große Buschgruppen und fliegt noch einmal an zwei weiteren Hecken entlang. Dahinter gelangt ihr an einen Picknickplatz für Besucher. Gleich gegenüber befindet sich die große Adlervoliere, in der Opa Gustav wohnt."

Die Müdigkeit der Sperlingskinder ist wie weggeblasen. Das ist ja mal eine Neuigkeit. Nach kurzem Schweigen zwitschern Heiner und die Mädchen mit vielen Fragen aufgeregt drauflos.

„Wir reden im Nachtquartier darüber", übertönt Anton die schnatternde Schar und versucht mit einem weiteren Einwand, ihren Eifer zu bremsen. „Für Haussperlinge ist es ein weiter Weg, auf dem man nicht bummeln darf." Keinesfalls sollen die Jungen die Entfernung zur Adlervoliere unterschätzen.

Auch in ihrem Unterschlupf kommen die Spätzchen nicht zur Ruhe, die Sehnsucht nach der Ferne ist auf einmal übermächtig. Elise weiß, sie hat ihnen den Grund dafür geliefert. Nun zappeln die Jungen wie auf glühenden Kohlen auf den Sitzplätzen herum und die Schnäbel gehen in einem fort. Heiner bittet Elise mehrmals, den Weg zur Adlervoliere zu erklären, denn er ist erst zufrieden, als sich dieser tief in sein Gedächtnis eingeprägt hat. Moni und Lisa zwitschern aufgeregt dazwischen. Sie haben sich den Weg schon bei der ersten Erklärung gemerkt. Doch auch für Tine wiederholt Elise alles noch einmal geduldig, denn keines ihrer Kinder soll benachteiligt werden. Auf diese Weise tönt bis spät in die Nacht ein lebhaftes Tschilpen aus dem Quartier der Spatzenfamilie. Aber dann kuscheln sich die Spätzchen glücklich aneinander und schlafen endlich ein.

Anton und Elise sinnen noch ein wenig über die Zukunft nach. Sie kennen den großen Traum ihrer Kinder von einer Reise durch den Zoo und haben sich längst damit abgefunden. Glücklicherweise konnten sie den Kleinen entlocken, dass sie mit ihrem Großvater auf Reisen gehen wollen. Unter seinen Fittichen werden sie gut aufgehoben sein.

Natürlich sind Heiner, Lisa, Moni und Tine mittlerweile alt genug, um sich ohne Eltern einem Spatzenschwarm anzuschließen oder eben um auf Entdeckungsreise zu gehen. Sie haben alles Lebensnotwendige gelernt und dabei eine sehr gute Figur gemacht. Anton und Elise können sie also mit ruhigem Gewissen in die abenteuerliche Spatzenwelt des Zoos entlassen. Sie dagegen werden sich einer weiteren Jungenaufzucht in der Brutkolonie am Ziegenstall widmen. Somit rückt für alle unausweichlich der Abschied näher, wobei die Jungvögel ungewöhnliche Abenteuer locken und auf die Eltern wieder der Alltag einer anstrengenden Brut wartet.

Am Morgen erwachen die Spatzenkinder gut gelaunt, aber es regnet wieder und augenblicklich sinkt die Stimmung. Anton und Elise trösten ihren missgelaunten Nachwuchs mit der Aussicht auf ein trockenes Frühstück. Alle sausen durch den regnerischen Morgen und erreichen rasch die geschützte Futterquelle in einem Stall. Nach einer gemütlichen und wirklich leckeren Mahlzeit zieht es die Familie zu einer gut beschirmten Hecke hinüber, um in deren Schutz weiter Pläne für die Zukunft zu schmieden. Am liebsten würden die Jungen ja sofort aufbrechen, aber die Eltern raten ihnen, noch etwas abzuwarten. Bei solch einem Wetter bleiben alle Haussperlinge lieber daheim und fliegen nur vor die Tür, wenn es nicht anders geht.

Heiner und Lisa verlangen den sofortigen Aufbruch, Moni und Tine sind hingegen angesichts des Regens unentschlossen.

„Mit ständig nassem Gefieder kommt ihr nicht weit", belehrt Elise ihre Kinder.

Indes versucht Anton, die Spätzchen zu beruhigen. „Der Sommer hat doch erst begonnen und das Jahr ist noch lang."

Elise gibt Anton recht und unterstützt seinen Versuch, die Spätzchen zu beschwichtigen. „Ja, es bleibt ausreichend Zeit, um alle eure Pläne zu verwirklichen."

Nach einigem Hin und Her lassen sich Heiner und die Mädchen dann doch von den erfahrenen Alten zu einem Reiseaufschub bewegen.

Die unwillkommenen Regenschauer halten jedoch länger an als gedacht. Um dieser Sache dennoch etwas Gutes abzugewinnen, schlagen Anton und Elise ihrem Nachwuchs vor, den Regen zum Baden zu nutzen. Keiner kann wissen, wie oft sie in diesem Sommer überhaupt dazu Gelegenheit bekommen werden.

„Wir müssen nehmen, was wir kriegen können", versucht Elise, die Kinder zu überreden. Da lassen sich die Kleinen nicht lange bitten. Schnell finden sie großen Spaß daran, übermütig in den überall auf den Wegen entstandenen Pfützen zu planschen. Und es geht nicht nur ihnen so. Früher oder später treffen alle jungen Haussperlinge aus der Nachbarschaft an den Wasserlachen ein und veranstalten ausgelassene Wasserspiele, wie nur Kinder es können. Gern lassen die erfahrenen Alten den Jungen diesen Spaß. Sie selbst bleiben lieber in den Büschen hocken, mit ihren Gedanken schon beim bevorstehenden Brutgeschäft.

So ähnlich wie die Spatzen verhalten sich auch die Menschen. Viele bleiben bei Regenwetter zu Hause und nur hartnäckige Kinder überzeugen ihre Eltern von einem Zoobesuch. Damit das Wetter ihnen nichts anhaben kann, erscheinen die kleinen Zoobesucher mit einer kompletten Schlechtwetterausrüstung. Sie fühlen sich damit so sicher, dass sie ebenfalls mit dem allergrößten Vergnügen von Pfütze zu Pfütze hüpfen und das Wasser nur so spritzen lassen. Damit unterbrechen sie zwar hin und wieder den Badespaß der Zoosperlinge, doch irgendwann sind ja die Pfützen für die Haussperlinge wieder frei.

Auf diese Weise plätschern nicht nur Regentropfen vom Himmel, sondern auch die Tage einer ganzen Woche dahin. Für die Sperlingsfamilie Zeit genug, um gebührend voneinander Abschied zu nehmen.

Aufbruch mit kleinen Hindernissen

Doch auf Regen folgt meist Sonnenschein, sodass Elise und Anton wieder geschäftig am Ziegenstall zugange sind, inmitten vieler netter Nachbarn. Die wanderlustigen Spatzenkinder freilich sind endlich unterwegs.

Als erklärter Beschützer, denn er ist ein Junge, führt Heiner die Truppe an. Jedoch fliegt er auf dem Weg zu Opa Gustav mit seinen Schwestern zuerst zum beliebten Imbiss. Im vertrauten Revier wollen sie noch einmal Futter fassen und erst danach endgültig abreisen.

Übermütig und mit viel Schwung fliegt Heiner auf einen Tisch und landet prompt auf einem vergessenen Speiseteller. Für eine sichere Landung auf dem glatten Untergrund hat er zu viel Schub, sodass er über den Tellerrand hinaus wieder vom Tisch heruntersegelt. Mit viel Glück kann er gerade noch einen schmerzhaften Sturz verhindern. Dabei flattert er heftig mit den Flügeln und landet mühsam auf beiden Füßen. Aber es kommt noch schlimmer. Am Boden erwartet Heiner der nächste Schreck, denn er blickt geradewegs in die starren Augen einer Hauskatze. Sein Herz setzt für einen Moment aus, um danach viel schneller weiterzuschlagen. Doch trotz zitternder Beine schafft es Heiner, sich mit ein paar beherzten Flügelschlägen aus der Gefahrenzone zu bringen. Die Katze reagiert allerdings nicht. Völlig überrumpelt scheint sie sich zu fragen, seit wann Vögel freiwillig als Futter zu ihr kommen. Als sich die Erstarrung des Räubers löst, ist das Opfer glücklicherweise bereits außer Reichweite.

Moni, Lisa und Tine haben den Feind ebenfalls erkannt und sind sofort in ein warnendes Gezeter ausgebrochen. Damit ist die Tarnung der Katze aufgeflogen. Sie streicht nun verlegen um die Tischbeine, aber alle Vögel im Umkreis sind gewarnt.

Heiner flattert eilig und völlig außer Puste zu seinen Schwestern in Sicherheit. „Na, das fängt ja gut an", denkt er sichtlich verstört bei sich. Laut dagegen beruhigt er die Mädchen zuversichtlich: „Nichts passiert, alles in bester Ordnung." Er gibt sich große Mühe, sich die gerade ausgestandene Angst nicht anmerken zu lassen.

Lisa, Moni und Tine nehmen Heiner erleichtert in Empfang, aber auch ihnen sitzt der Schreck in den Gliedern. Dass sie gleich zu Beginn ihrer Reise schon einer Gefahr begegnet sind, ist gar nicht erfreulich und lässt sie beinahe verzagen.

„Gefahren gibt es doch überall. Wir müssen nur immer vorsichtig handeln." Moni versucht, die Sache vernünftig zu betrachten. Aber sie erinnert die anderen noch einmal eindringlich an die Warnungen und Ratschläge der Eltern.

Auch Tine muntert die anderen auf. „Genau. Wir sind immer wachsam und halten die Augen und Ohren offen. Dann wird uns bestimmt nichts passieren."

Langsam finden die Sperlingskinder ihre Zuversicht wieder. Außerdem sehen sie von ihrem Sitzplatz aus, wie sich die Katze langsam trollt. Sie flattern nun zur Futterstelle und fressen, bis sie satt sind.

Etwas später schwirren die Wanderer noch einmal am Ziegenstall vorbei, winken den beschäftigten Eltern zu und fliegen den neuen Weg entlang in eine unbekannte Welt.

Anton und Elise unterbrechen kurz ihre Arbeit und schauen den davonziehenden Jungen wehmütig nach. Bald sehen die Eltern nur noch verschwindend kleine Punkte am Horizont und einen Moment später sind sie ganz aus ihrem Blickfeld verschwunden.

Unterwegs blicken die Sperlingskinder kaum nach rechts und links. Ganz und gar auf den anstrengenden Flug konzentriert, streben sie in geschlossener Formation ihrem Ziel entgegen. Erst viele Flügelschläge später, als ihnen schon langsam die Puste ausgeht, erreichen sie den Abzweig, an dem sie abbiegen sollten.

Moni weist nach rechts und meint: „Dort müssen wir lang."

Heiner erwidert skeptisch: „Vielleicht ist der andere Weg der richtige."

Lisa schüttelt den Kopf und gibt Moni recht.

Auch Tine stimmt den beiden zu und wiederholt Elises Beschreibung. „Mama hat gesagt, wir müssen über zwei Kreuzungen hinweg bis zu einer weiteren Kreuzung fliegen. Und an dieser dritten Kreuzung, also hier, sollen wir rechts abbiegen und dem Weg folgen."

„Na gut, ihr habt recht", gibt Heiner den Schwestern gegenüber widerstrebend zu. „Aber erst einmal machen wir eine Pause", bestimmt er dann, wieder ganz Chef des Unternehmens.

Dagegen haben die Mädchen nichts einzuwenden, im Gegenteil, eine Verschnaufpause ist genau das, was sie jetzt brauchen. Die Spatzenkinder erklimmen mit viel Mühe die Zweige eines Strauches und richten sich für eine längere Rast ein. Trotz der Strapazen sind die Spätzchen auf ihre Leistung stolz. So eine weite Strecke sind sie zuvor noch nie geflogen. Müde zwitschernd tauschen sie sich noch über ihre Beobachtungen aus, bevor sie, entgegen ihrer eigentlichen Absicht, schnell einschlummern.

Am Morgen hüpft Lisa als Erste aus dem Strauch und weckt tschilpend die Geschwister. Die reiben sich die Augen und schauen sich verwundert um. Sofort macht sich auch ihr Magen bemerkbar, denn sie sind gestern ohne Abendessen im Busch verschwunden.

„Lasst uns bis zum Picknickplatz an der Adlervoliere weiterfliegen. Hier kennen wir uns ja nicht aus", schlägt Tine vor.

Die anderen stimmen diesem vernünftigen Vorschlag zu, denn sie sind davon überzeugt, dass ihr Ziel nicht mehr weit sein kann. Vor allem aber erinnern sie sich ganz genau an die Worte von Elise, als sie von diesem Ort geschwärmt hat. „Dort fallen immer genügend Krümel für uns Spatzen ab", gab sie den Kindern zu Hause mit auf den Weg und fügte eine Anmerkung hinzu. „Diesem Platz gegenüber steht die große Adlervoliere, in der mein Vater, also euer Großvater Gustav, wohnt."

In flottem Flug bringen sie den letzten Streckenabschnitt hinter sich. Zuerst die zwei Hecken, dann die drei großen Buschgruppen und zum Schluss noch einmal zwei weitere Hecken. Der Picknickplatz für Besucher erstreckt sich gleich dahinter, genau wie Elise es beschrieben hat. „Geschafft!", ruft Heiner und die Spatzenkinder freuen sich auf eine gute Mahlzeit. Sie staunen nicht schlecht, denn der Tisch des Picknickplatzes ist wirklich gut gedeckt. Ihre Entscheidung, hier zu frühstücken, war also genau richtig. Mit Feuereifer schlagen sich die Jungen nun die Bäuche voll.

Erst einige Zeit später schauen sich die Spätzchen suchend nach der Adlervoliere um. Als sie den Käfig in seiner ganzen Größe erblicken, bleibt ihnen vor Staunen der Schnabel offen stehen. Gigantisch

ragt das Bauwerk vor ihnen auf. Davon eingeschüchtert, suchen sie in den Zweigen eines Holunderbusches Schutz und überlegen ihre weiteren Schritte.

„Wie kommen wir denn dort hinein?", fragt Tine schüchtern.

Moni erinnert sich an die Worte der Mutter. „Ganz oben durch die Dachgitter müssen wir schlüpfen", erklärt sie den anderen.

„Stimmt, so müssen wir es machen", bestätigt Heiner und drängt die Mädchen zum Aufbruch.

Ankunft bei Opa Gustav

Schließlich fliegen die Sperlingskinder los. Sie schwirren hoch und höher, bis sie schließlich glücklich, jedoch mächtig außer Atem auf dem Käfigdach ankommen. Erleichtert setzen sie sich nebeneinander auf einen Gitterstab und verschnaufen erst einmal in Ruhe. Währenddessen schauen sie sich aufmerksam um und erleben eine Überraschung. Der luftige Aussichtspunkt gestattet ihnen nämlich einen ungeahnten Rundblick, sodass ihnen vor Staunen der Schnabel offen stehen bleibt. Vor ihnen erstreckt sich der gesamte Zoo mit vielen verschiedenen Tieranlagen, Ställen und Käfigen, eingebettet in einen grünen Park.

Lisa findet als Erste die Sprache wieder. „Wir werden Opa fragen, ob er uns einmal von hier oben den Zoo zeigen und erklären kann", ruft sie begeistert.

Diesen Vorschlag finden Heiner und Moni ebenfalls genial.

Tine schaut derweil immer noch wie gebannt von oben herab und piepst schließlich ganz hingerissen: „Die Tiere da unten sind so klein wie Ameisen." Jedoch wird ihr in zehn Meter Höhe auch etwas mulmig zumute und sie rückt näher an Heiner heran. Der breitet schützend seine Flügel aus und nimmt obendrein Lisa und Moni unter seine Fittiche.

So einträchtig sitzen sie eine Weile beisammen, zwitschern ganz leise und genießen die Gesellschaft der anderen. Dann wenden sie zuversichtlich den Blick in den Käfig hinein, wo sie schnell die Adler entdecken. Die großen Vögel sitzen ruhig da und beachten weder die kleine Spatzenschar auf ihrem Dach noch den Besucherstrom vor dem Käfig. Das macht den jungen Spatzen Mut, sodass sie sich weiter voranwagen. Geschickt schlüpfen sie, einer nach dem anderen, durch das Gitter in den Käfig hinein, um von dort ein Stück hinab in das Geäst einer belaubten Weide zu fliegen. Zwischen ihren Blättern fühlen sie sich halbwegs sicher. Dennoch blicken sie sich argwöhnisch um, denn nun sitzen sie in einem großen Käfig mit zwei riesigen Greifvögeln. Aber nein, es sind sogar vier Adler, wie sie gerade eben feststellen. Was für ein beklemmendes Gefühl! Viel Zeit zum Nachdenken nehmen sie sich allerdings nicht. Sie wollen unbedingt weiter, bevor sie der Mut verlässt.

„Es kann nicht mehr weit sein", tschilpt Heiner seinen Schwestern aufmunternd zu, woraufhin sie noch tiefer im Käfig hinabflattern, bis sie in einer Astgabel ein großes, offenes Nest sehen.

Moni fallen Elises Worte ein. „Unterhalb des Adlerhorstes in Südlage hängt das Nest von Opa Gustav, gut geschützt vor Wind und Wetter." Nun ruft sie überzeugt: „Das ist sicher das Nest der Adler."

Und sie hat richtig vermutet, denn darunter finden sie tatsächlich, kunstvoll eingeflochten, das gesuchte Spatzennest. Vom mächtigen Adlerhorst beschirmt, liegt es gut behütet in ungewohnt luftiger Höhe. Zunächst bleiben die Spätzchen etwas ängstlich vor dem Eingang hocken. Da fasst sich Lisa ein Herz und zieht entschlossen an der Klingel am Einlass. Doch sogleich verlässt sie wieder der Mut. Die Mädchen schieben lieber Heiner nach vorn und postieren sich vertrauensvoll hinter ihm. Wer hätte gedacht, dass Heiner auf einmal unfreiwillig an erster Stelle steht? Jedoch kommt Kneifen für ihn nicht infrage. So erwarten die vier Spatzenkinder mit großer Spannung das Erscheinen ihres weisen Großvaters.

Plötzlich hören sie eine dunkle Stimme hinter sich. „Wollt ihr zu mir?"

Den Spätzchen fährt der Schreck in die Glieder und sie drehen sich mit weit aufgerissenen Schnäbeln und kullerrunden Augen ängstlich um. Da hat sich doch ganz dicht vor den Mädchen eindrucksvoll ein Spatz aufgebaut. Diesmal kann sich Heiner hinter seinen Schwestern verstecken. Doch sie können aufatmen, denn ein freundliches und sichtlich betagtes Spatzengesicht lächelt sie an, sodass ihre Furcht schnell verfliegt. Erleichtert erkennen die Spätzchen ihren Opa Gustav. Er sieht genauso aus, wie sie ihn sich vorgestellt haben, und unverkennbar ist die Ähnlichkeit mit ihrer Mutter, die genau wie Opa eine weiße Feder im Brustgefieder trägt. Etwas schüchtern stellen sie sich vor und übermitteln liebe Grüße von den Eltern.

Opa Gustav begrüßt seine Enkelkinder gut gelaunt. „So eine Freude, euch kennenzulernen." Dann erklärt er sein plötzliches Auftauchen. „Ich komme gerade aus der Spatzenbibliothek und wollte nach getaner Arbeit zurück in mein Nest." Dabei lächelt er wohl-

wollend. „Aber was für eine nette Überraschung erwartet mich hier! So kommt doch herein und ruht euch erst einmal aus." Er öffnet die Tür und bittet die Kleinen mit einem Wink herein.

Über das herzliche Willkommen erfreut, folgen die vier Spätzchen dem Großvater in das Spatzennest. Gleichzeitig machen sie keinen Hehl daraus, dass sie sich doch etwas vor den gefährlichen Greifvögeln fürchten.

Opa Gustav hat das Unbehagen seiner Enkelkinder bemerkt und versucht, sie zu beruhigen. „Im Nestbereich der Adler sind wir vollkommen sicher. Ihr braucht wirklich keine Angst zu haben. Ihre Nahrung suchen die großen Vögel weiter weg vom Nest, zudem haben sie an solch kleinem Federvieh, wie wir es sind, überhaupt kein Interesse. In den unteren Etagen eines Greifvogelhorstes leben oft kleine Vögel. Sie weben dort gern ihre Nester ein."

Das Spatzennest von Opa Gustav ist etwas anders, als die Sperlingskinder erwartet haben. Es hat nichts gemein mit einem einfachen Nest, wie sie es kennen und in dem sie groß geworden sind, denn es ist so geräumig, dass es reichlich Platz für Besucher bietet. Von außen gar nicht sichtbar wurde ein großer Teil in den Adlerhorst hineingebaut und bei schönem Wetter kann man sogar auf einer überdachten Veranda sitzen.

Nach der kleinen Führung durch das Nest zeigt Opa den Spatzenkindern die Federbetten für die Nacht und gibt ihnen Zeit, sich für das gemeinsame Abendessen herauszuputzen. Der kurze Weg zum Picknickplatz ist schnell geschafft und Opa Gustav kann die Kleinen an einen reich gedeckten Tisch bitten. Jedoch schon beim Essen bestürmen die Kinder den Großvater mit ihren Wünschen, und das mit vollen Schnäbeln!

„Wisst ihr nicht, dass mit vollem Schnabel nicht geredet wird?", fragt Opa tadelnd in die Runde, woraufhin die ungeduldigen Spätzchen während der weiteren Mahlzeit beschämt schweigen.

Nach dem Essen vertröstet Opa die Kinder aber wiederum auf ein späteres Gespräch. Ihm ist nicht entgangen, dass den Kleinen bereits die Augen zufallen wollen. „Lasst uns morgen über alles reden. Ich sehe doch, wie müde ihr seid. Schlaft euch lieber erst einmal aus."

Opa hat recht, gestehen sich die Jungen ein. Sie haben ja schon ein wichtiges Ziel erreicht und sind damit sehr zufrieden. Alles andere hat wirklich Zeit bis morgen. Nach der Rückkehr vom Futterplatz gehen Heiner, Lisa, Moni und Tine bereitwillig schlafen. Sie merken nicht mehr, wie Opa Gustav ihre Federbetten richtet und jedem von ihnen noch einmal über den Federschopf streicht.

Die große Spatzenbibliothek

Am nächsten Tag kommen die vier Spätzchen nur schwer aus den Federn. Ihnen stecken wohl noch die großen Anstrengungen und die Aufregung in den Knochen. Als sie endlich die Augen aufschlagen, wundern sie sich zuerst, wo sie sind, doch dann fällt es ihnen wieder ein. Hurtig hüpfen sie aus den Betten, fahren sich kurz mit dem Schnabel durchs Gefieder und stürmen aus der geöffneten Tür auf die Veranda hinaus. Glücklicherweise bremst ihr Ungestüm ein stabiles Holzgeländer, das zur Zierde am Rand der hohen Plattform angebracht ist, sonst wären sie womöglich abgestürzt.

Als sich die Sperlingskinder neugierig über die Brüstung beugen, weht ihnen eine frische Brise um den Schnabel. Fröstelnd ziehen sie sich schnell wieder auf die windstille Veranda zurück. Dann blicken sie sich suchend nach Opa Gustav um. Der sitzt auf seinem Lieblingsplatz und vertreibt sich lesend die Wartezeit. Rasch hüpfen die Spätzchen zu ihm und blicken ihn erwartungsvoll an. Ein gutes Frühstück wäre jetzt genau das Richtige.

„Guten Morgen, Kinder", begrüßt Opa die Kleinen.

„Guten Morgen, Opa Gustav", kommt es wie aus einem Schnabel zurück.

„Schön, dass ihr wach seid, dann kann es ja losgehen." Opa legt seine Lektüre beiseite und bittet die Sperlingskinder, auf der Veranda Aufstellung zu nehmen. Er will mit seinen Enkelkindern nicht zum Frühstück fliegen, nein, er will mit ihnen Frühsport machen.

Die jungen Sperlinge machen ein ungläubiges Gesicht. So etwas haben sie nicht erwartet, aber Opa Gustav besteht darauf.

„Für eine große Wanderung müsst ihr gut durchtrainiert sein, sonst schafft ihr den anstrengenden Marsch nicht", erklärt er ihnen rundheraus und beschreibt, wie so ein Unternehmen abläuft. „Morgens muss man früh aufstehen, zu fressen gibt es nur das, was unterwegs verfügbar ist, und abends, egal in welchem ungemütlichen Nachtquartier, sinkt man müde in den Schlaf."

„Das macht uns nichts aus", verkündet Heiner schnell und die Mädchen nicken zustimmend.

„Wir bereiten uns aber trotzdem gut vor", entgegnet Opa streng. Er schaut die Kleinen eindringlich an und fügt schließlich hinzu: „Das Training kann sich eine Weile hinziehen, es dauert eben so lange, bis ihr fit genug seid." Allerdings freut auch er sich insgeheim auf eine gemeinsame Reise durch den Zoo.

Die erste Trainingsstunde vergeht wie im Flug, denn wie es so ihre Art ist, sind die Jungen mit Begeisterung bei der Sache. Ihre Anstrengungen werden anschließend mit einem guten Frühstück belohnt und schon ist die Welt wieder in Ordnung. Satt und zufrieden kehren die Sperlingskinder ins Nest zurück. Derweil fliegt Opa in die Bibliothek, um seinen Verpflichtungen nachzukommen.

Als er zurückkehrt, hat er für die Kleinen eine gute und eine schlechte Nachricht. Die gute Nachricht ist, dass Opa für seine Arbeit in der Bibliothek eine Vertretung gefunden hat und die Reise mit seinen Enkelkindern antreten kann. Aber es kann nicht sofort losgehen, das ist die schlechte Nachricht. Die Sperlingskinder murren enttäuscht, denn Geduld ist nicht ihre Stärke, doch Opa lächelt nachsichtig. Seine Enkelkinder sind nicht die Einzigen, die sich fragen, warum Erwachsene immer so viel zu tun haben müssen. Daher erklärt er ihnen unumwunden, warum ihm ihr Wunsch im Moment etwas ungelegen kommt.

„Vor Kurzem sind die jungen Weißkopfseeadler ausgeflogen und haben ihr Nest sehr liederlich hinterlassen. Seht nur, ein großer Teil des Nistmaterials ist abgestürzt und ein anderer Teil hängt lose herunter. Die Adler kümmert dieser Zustand nicht mehr, denn für sie hat das Nest ausgedient. Doch mir fällt buchstäblich die Decke auf den Kopf und durch die Wände pfeift der Wind. Nun muss ich dringend meinen Wohnsitz renovieren."

Und wahrlich, der einstmals imposante Adlerhorst ist regelrecht aus der Form geraten, das ist nun wirklich nicht zu übersehen. Zugleich bemerken die Spatzenkinder in Opas Wohnung die unordentliche Nestdecke und die oben ausgefransten Wände. Da verstehen sie, dass Opa Gustav erst sein Nest in Ordnung bringen muss, bevor er mit ihnen auf Reisen gehen kann. Vielleicht ist dies sogar die einzige Möglichkeit, vor Einbruch des Winters die Reparatur durchzuführen. Darum überlegen die Sperlingskinder nicht lange und packen hurtig mit an. Obwohl sie in Sachen Nestbau noch ungeübt sind, stellen sie sich recht geschickt an. Opa Gustav lächelt zufrieden vor sich hin, denn so wird die Arbeit gut vorangehen.

„Zeit für einen kleinen Ausflug auf eine Wiese um die Ecke", ruft er den Spätzchen am frühen Nachmittag zu.

Nur lustlos folgen sie ihm dorthin, denn sie sind ziemlich erschöpft, doch nach ihrer Ankunft schauen sie sich überrascht um. Die angepriesene Wiese macht einen wildromantischen Eindruck und hält allerhand Sämereien der verschiedensten Wiesenpflanzen und Wildkräuter bereit. Des Weiteren scheint sie ein altbekannter Treffpunkt für hungrige Haussperlinge zu sein und mit wiedergefundenem Elan gesellen sich Heiner und seine Schwestern dazu.

Gegen Abend schlägt Opa einen Besuch in der großen Spatzenbibliothek vor. Es ist die einzige weit und breit und wurde von Opa Gustav gegründet. Weil er noch nie an Lesestoff vorbeihüpfen konnte, hat er alles gesammelt, was Besucher an Lektüre bei ihrem Zoobesuch liegen gelassen haben. Auf diese Art und Weise ist im Laufe der Zeit eine große Menge an Zeitungen, Zeitschriften, Heften, Magazinen, Journalen und Blättern zusammengekommen, die nun zur berühmten Literatursammlung gehören. Sogar eine ganze Serie Zooführer füllt die Regale. Die Sperlingskinder sind schon sehr gespannt auf das, was sie in der Bibliothek erwartet, darum fliegen sie ihrem Großvater eilig hinterher. Wenig später machen sie an einer sehr gerade geschnittenen Hainbuchenhecke halt.

„Hier ist es", verrät Opa Gustav, aber das geheimnisvolle Innere entzieht sich zunächst ihren Blicken, weil eine dichte Blätterwand die Sicht verhindert.

Flink schlüpfen sie durch den grünen Laubmantel und hüpfen von einem knorrigen Ast zum nächsten. Schließlich gelangen sie in den geräumigen Eingangsbereich der Bibliothek. Für Besucher stehen dort kleine, aus Reisig geflochtene Tische mit gebogenen Gerten als Sitzgelegenheiten bereit. Der Blick der Sperlingskinder schweift weiter und sie entdecken mehrere hübsch gewundene Astbogen, die in kleinere Räume führen. Interessiert hopsen sie in einen davon und bewundern die großen Regale und Schränke, die zwischen stabilen Ästen angebracht und mit elastischen Zweigen übersichtlich unterteilt sind. In den einzelnen Fächern stehen sehr ordentlich allerlei Schriften, in denen die jungen Sperlinge nun nach Herzenslust stöbern dürfen. Sie hüpfen mit ihrer Lieblingslektüre an die Tische zurück und schon im nächsten Augenblick ist die Wanderung vergessen.

Nach einer Weile holt Opa aus einer abgelegenen Ecke ein Faltblatt hervor. Vor einiger Zeit hat er diesen bunten Wegeplan auf dem Besucherweg gefunden und mitgenommen, aber noch nicht einsortiert. Stolz breitet er ihn nun vor den Kindern aus. Alle beugen sich konzentriert darüber und studieren aufmerksam die detaillierte Übersicht. Die Spatzenkinder fahren mit den Schnäbeln forschend die bunten Linien auf dem Papier entlang und verspüren vor Aufregung ein Kribbeln im Bauch.

Opa zeigt auf ein eingezeichnetes Gebäude. „Das ist der Ziegenstall. Unter seinem Dach seid ihr geschlüpft."

„Dort war unser Nest?", tschilpt Moni begeistert.

Heiner stellt derweil freudig fest. „Das ist ja gar nicht weit von hier!"

Opa schaut vom Plan zu Heiner. „Wenn man es so betrachtet, hast du vielleicht recht. Anhand der Luftlinie erscheint die Strecke recht kurz. Aber ihr seid verschiedene Wege entlanggeflogen, was die Distanz viel länger macht." Er zeigt Heiner noch einmal die entsprechenden Linien.

„Ach so." Auch die Mädchen verstehen.

Während die jungen Haussperlinge weiter den Lageplan studieren, entwirft Opa schon eine günstige Reiseroute für ihr Vorhaben. „Voraussetzung für das Gelingen unserer Wanderung ist eine gute Vorbereitung", erklärt er dabei.

Doch die Sperlingskinder wissen schon, dass man sich auf gar keinen Fall Hals über Kopf und unvorbereitet in ein Reiseabenteuer stürzen sollte.

Aus dem Familienleben der Weißkopfseeadler

Einstweilen ähnelt ein Tag dem anderen, aber kein einziger davon ist langweilig. Jeden Morgen absolvieren Heiner und seine Schwestern zuerst ihr Trainingsprogramm, dann gibt es ein gesundes Frühstück. Als Nächstes steht die Arbeit am Spatzennest auf dem Plan, bei der die Sperlingskinder mit der Zeit alle Raffinessen des Nestbaus erlernen. Anschließend nehmen die kleinen Baumeister eine kräftige Mittagsmahlzeit zu sich und machen hinterher eine lange Verdauungspause. Am Nachmittag folgt der unbestrittene Höhepunkt eines jeden Tages, der Besuch der Bibliothek. Dort durchstöbern sie im Laufe der Zeit sämtliche Bücherregale, eins nach dem anderen.

Im Nest versammeln sie sich gern auf der Veranda und in gemütlicher Runde plaudern sie über ihre Erlebnisse, schmieden Pläne oder beobachten die Weißkopfseeadler.

Moni hat es sich auf dem Holzgeländer bequem gemacht, denn von dort kann sie die majestätischen Weißkopfseeadler am besten betrachten. Da schwingt sich einer von ihnen auf, macht zwei gemächliche Flügelschläge und gleitet direkt an ihrer Schnabelspitze vorbei, um elegant auf einem Ast gegenüber zu landen. Moni ist beeindruckt, denn sie selbst müsste heftig mit den Flügeln flattern, um dieselbe Strecke hinter sich zu bringen. Sie äugt zu den anderen Adlern hinunter, wobei ihr auffällt, dass zwei der vier großen Vögel anders aussehen.

„Diese beiden dort, das sind bestimmt keine Weißkopfseeadler. Die haben ja gar keinen weißen Kopf. Was sind denn das für welche?", fragt sie deshalb Opa Gustav verwundert.

Opa hat diese Frage schon erwartet. „Ich habe euch doch erzählt, dass die Jungen der Weißkopfseeadler das Nest erst vor Kurzem verlassen haben. Und diese beiden dort sind die jungen Adler. Sie sind schon so groß wie ihre Eltern, aber anders als diese haben sie ein einfarbig dunkelbraunes Gefieder. Das typische Weiß am Kopf und

die weißen Schwanzfedern bekommen sie erst später, mit etwa vier bis fünf Jahren, wenn sie erwachsen sind. Aber wenn ihr richtig hinschaut, könnt ihr die Jungen an der dunklen Augenfarbe und am dunklen Schnabel erkennen", erläutert er ausführlich.

Während Opas Erklärung ist Lisa neben Moni auf die Brüstung gehüpft. Interessiert schaut sie von einem Adler zum anderen, um die gerade beschriebenen Merkmale zu entdecken. Jedoch sind die jungen Adler in hellem Aufruhr und Lisa beobachtet eine Futterübergabe. „Die Mutter hat einem Jungen gerade Futter gebracht", ruft sie den anderen aufgeregt zu.

Alle schauen in die von Lisa angedeutete Richtung, gleichzeitig hören sie deutlich die Bettelgeräusche des anderen Jungvogels. Es ist ihrem eigenen Verhalten, als sie selbst noch um Futter gebettelt haben, nicht unähnlich. Und schon beobachten die Spatzen, wie auch der zweite Jungadler seinen Teil bekommt, bevor sich das Adlerpaar selbst bedient.

„Lisa, du hast falsch gedacht. Nicht die Mutter hat gerade das Futter zu den Jungen gebracht, es war der Vater", stellt Opa richtig.

„Aber wieso denn?" Lisa will es nicht glauben. „Ich habe es doch genau gesehen."

Opa Gustav muss über Lisa schmunzeln. Davon auszugehen, dass nur das Weibchen seine Jungen füttert, ist zu einfach. „Wir können, genauso wenig wie Zoobesucher, Männchen und Weibchen der Weißkopfseeadler nicht unterscheiden. Nicht mal die Tierpfleger schaffen es. Erst wenn die Geschlechter bekannt sind, können sie die einzelnen Vögel an kleinen Eigenheiten erkennen."

„Kannst du die beiden unterscheiden?", mischt sich Tine neugierig ein.

„Natürlich, denn ich kenne sie schon lange", antwortet Opa und er berichtet weiter. „Gewöhnlich schafft das Männchen die Beute herbei, so auch bei dieser Familie. Solange die Jungadler im Horst sind, trägt er das Futter dorthin und das Weibchen verteilt es schnabelgerecht an den Nachwuchs. Sind die Jungen größer, füttert das Männchen mit."

„Ach, so ist das." Moni nickt verstehend.

Aber Opa weiß noch mehr. „Nachdem die Jungvögel ihr Nest verlassen haben, bekommen sie noch eine geraume Weile Nahrung serviert. Jedoch wird den Kleinen das Futter nicht lange hinterhergetragen. Sie werden bald lernen müssen, sich selbst zu versorgen, genauso wie es bei euch gewesen ist."

Im Laufe der Zeit erfahren die Sperlingskinder auch, dass die Jungen der Weißkopfseeadler nicht bis zum Erwachsenenalter bei ihren Eltern bleiben können. Beginnt die neue Brutsaison, duldet das Paar sie nicht mehr, weshalb sie einige Zeit vorher an andere Zoos abgegeben werden. Bis dahin können sie jedoch noch einiges von ihren Eltern lernen, wie beispielsweise den Nestbau. Für gewöhnlich baut das Elternpaar im Herbst noch einmal kräftig am Nest und die Adlerjungen beteiligen sich daran. Zweige, Äste, Moos, Gras oder Heu dienen als Nistmaterial. Die Fähigkeiten, die sich die Jungtiere dabei aneignen, sind eine gute Schule für ihr späteres Leben, den Alten dient es zur Nest- und Paarbindung.

Sehr interessant finden die Sperlingskinder, dass Weißkopfseeadler in ihrer Heimat Nordamerika zu Beginn des Winters die Brutreviere verlassen, um in südliche Überwinterungsgebiete zu fliegen, wo es ausreichend Nahrung gibt. Dagegen bleiben den Vögeln im Zoo die Strapazen eines weiten Fluges erspart. Sie können den Winter am Ort verbringen, weil es immer Futter gibt. Kehren die Adlerpärchen im Frühjahr an die angestammten Horstplätze zurück, vollführen sie schon auf der Rückreise stürmische Balzflüge, um sich auf ihr Brutvorhaben einzustimmen. Doch wenn sie am Nistplatz ankommen, wird zuerst das Nest auf Vordermann gebracht, bevor das Weibchen Eier legt und mit dem Brüten beginnt. Dass manche Adlerhorste riesig sind, weil an ihnen schon viele Jahre lang gebaut wurde, können sich die jungen Spatzen kaum vorstellen.

Dann verkündet Opa Gustav seinen Enkelkindern eines Abends, dass alle notwendigen Arbeiten am Nest erledigt sind.
„Schon?", fragt Heiner verwundert und auch die anderen sind verblüfft, wie schnell die Zeit vergangen ist.
Opa tschilpt geheimnisvoll: „Ich habe für morgen eine Überraschung geplant", denn er möchte sich bei seinen Enkelkindern für ihre große Hilfe bedanken.
Am Morgen beginnt die Überraschung damit, dass der Frühsport ausfällt. Als Nächstes bemerken die Kinder, dass der Frühstückstisch am Picknickplatz besonders reich gedeckt ist, und Opa fordert die

Kleinen auf, ordentlich zuzugreifen. Obwohl sie nur allzu gern wissen wollen, was Opa mit ihnen vorhat, verrät er ihnen noch nichts.

Der windstille, sonnige Frühlingstag ist für Opa Gustavs Vorhaben bestens geeignet, sodass er mit seinen Enkelkindern gut gelaunt das meisterhaft wiederhergestellte Spatzennest verlässt. Sie flattern zum Käfigdach hinauf, schlüpfen durch die Gitterstäbe nach draußen und fliegen geradewegs zum schmalen Ende der Voliere. Sofort tauchen sie in den Schatten eines uralten Lindenbaumes ein. Nach einem kurzen Halt führt Opa die Kleinen noch höher hinauf, bis in das ausladende Laubdach der Linde. Durchs Astwerk hüpfend erreichen sie bald einen hübschen Aussichtspunkt, der idyllisch von überhängenden Zweigen abgeschirmt wird. In dieser paradiesischen Laube machen es sich die Spatzen gemütlich.

Nach einer kleinen Verschnaufpause gibt Opa schließlich sein Geheimnis preis. „Schaut, was ich euch zeigen möchte." Bei diesen Worten lüftet er den Vorhang aus Laub, sodass die Sperlingskinder wie aus einem Fenster auf ein wundervolles Panorama blicken können.

Lisa strahlt. „Oh! Das ist ja wunderschön!" Sie bekommt vor Staunen den Schnabel nicht mehr zu.

Die anderen sind ebenfalls sprachlos. Erst kürzlich, bei ihrer Ankunft auf dem Käfigdach, hatten sie sich dieses Erlebnis erhofft und nun ist ihr Wunsch wahr geworden. Aber die Aussicht aus dem Lindenbaum ist noch eindrucksvoller als die vom Dach. Aufgeregt recken die vier Spätzchen ihre Köpfe nach draußen, um noch besser sehen zu können. Opa weist derweil stolz auf begrünte Tieranlagen, sichere Käfige, hübsche Volieren und beheizte Tierhäuser. Nebenbei nennt er alle Tierarten, die dort leben.

„So viele Tiere gibt es in unserem Zoo?", staunt Lisa, und nicht nur sie. Opa lacht über die zweifelnden Gesichter. Dann zeigt er mit wichtiger Miene in eine bestimme Richtung. „Dort hinter der großen Birke könnt ihr das Dach vom Ziegenstall erkennen. Dort seid ihr zu Hause."

Die Sperlingskinder recken die Hälse. Ja, die schöne große Birke kennen sie und für einen kurzen Moment fühlen sie so etwas wie Heimweh. Moni fragt sich laut: „Was wohl Mama und Papa gerade machen? Ob es ihnen gut geht?"

„Ganz bestimmt! Sie sind sicher mit einer neuen Brut beschäftigt, und wie ihr wisst, gehen sie in dieser Rolle vollends auf", versucht Opa Gustav sie zu beruhigen. „Ihr wäret dabei nur im Wege."

Dann erklärt er seinen Enkelkindern anhand der angeordneten Büsche, Hecken und Bäume, welche Wege sie auf ihrer Reiseroute fliegen werden, aber das erste Ziel soll noch sein Geheimnis bleiben. Gebannt lauschen die Kleinen seinen Ausführungen und ihre Blicke folgen aufmerksam dem von ihm gewiesenen Weg. Wie glücklich sie dabei sind, können sie kaum beschreiben. Dankbar genießen sie diesen wundervollen Tag.

Am selben Abend schickt Opa die Spätzchen zeitig in die Federbetten. Obwohl sie sich eigentlich sicher sind, dass sie vor Aufregung keinen Schlaf finden werden, schlummern sie doch wider Erwarten schnell ein und schlafen traumlos bis zum Wecksignal.

Aufbruch zur großen Wanderung

Schon in der Morgendämmerung sind alle reisefertig. Die vier Spatzenkinder hüpfen aufgeregt um Opa Gustav herum und tschilpen lauthals durcheinander. Sie hoffen, dass sie gleich erfahren werden, wohin die Reise geht. Opa schaut in ihre erwartungsvollen Gesichter und lächelt vergnügt. In der Bibliothek hatte er ausreichend Zeit, gründlich über den Reiseablauf nachzudenken, und mit dem Ergebnis ist er zufrieden. Die von ihm zusammengestellte Route passt perfekt zu seinen quirligen Enkelkindern.

„Wir werden zuerst zu den größten Eulen Europas, den Uhus, fliegen", verrät Opa nun.

Die Mädchen sind sogleich Feuer und Flamme. Heiner dagegen vergewissert sich lieber noch einmal. „Heute, so früh am Tag, wollen wir zu den Nachteulen?" Er hat in der Spatzenbibliothek nämlich erfahren, dass Uhus hauptsächlich nachts aktiv sind.

„Wir können uns im Zoo jederzeit die nachtaktiven Eulen ansehen", erwidert Opa. „Die prächtigen Vögel leben nicht weit von hier in einem Käfig, in dem man sie sehr gut beobachten kann." Heiner guckt immer noch skeptisch, sodass Opa ihm noch einmal glaubhaft versichert: „Unsere Uhus sind tagsüber häufig wach und sogar aktiv. Das bringt die Haltung im Zoo mit sich. Auch bei Tageslicht können Uhus recht gut sehen, obwohl sie natürlich die beeindruckende Fähigkeit besitzen, gerade nachts alles in ihrer Umgebung ausgezeichnet wahrzunehmen."

Da Heiner jetzt überzeugt ist, flattert er sofort in raschem Tempo los, die Mädchen im Gefolge. Opa Gustav hat Mühe, sich den schnellen Flügelschlägen anzupassen.

„Halt, halt, ihr kleinen Abenteurer! Nicht so schnell und nicht Hals über Kopf! Teilt eure Kräfte vernünftig ein, sonst kommen wir nicht weit", ruft Opa ihnen hinterher. Allerdings kann er die Aufregung der Jungen gut verstehen. In ihrem Alter war er genauso stürmisch und wissbegierig und er hat damals auch keine Dummheit ausgelassen.

Haussperlinge sind jedoch dafür bekannt, dass sie unbekannte Regionen vorsichtig und nur allmählich erobern. Das müssten die vier Spatzenkinder doch wissen, denkt er sich. Von den drohenden Gefahren überall ganz zu schweigen.

Schließlich holt Opa die Rasselbande ein. Völlig außer Puste nimmt er ein paar tiefe Atemzüge, dann schimpft er über den Unverstand seiner Enkelkinder. „Was habt ihr denn in eurem Spatzenhirn?"

Die Spätzchen halten zerknirscht inne, denn Opa hat natürlich recht. Sie kennen durchaus die Gefahren, aber leider hat ihr Tatendrang wieder einmal über den Verstand gesiegt. Beschämt geben sie ihren Fehler zu und sie versprechen Opa, jetzt ihm die Führung zu überlassen und stets im Trupp zu bleiben.

Das besänftigt Opa Gustav wieder. „Im gemächlichen Schwirrflug gelangen wir auch ans Ziel", verkündet er, doch letztlich möchte Opa den Jungen die Schönheit der Natur nahebringen. „Wenn wir die Augen aufhalten, können wir unterwegs viele interessante Dinge entdecken. Oder habt ihr etwa die große Weinbergschnecke am Wegesrand gesehen?"

Die vier schütteln bedauernd die Köpfe, doch ab jetzt bewegen sie sich etwas langsamer von Busch zu Busch, fliegen vorsichtig über die Wege und flattern im Schutz der Hecken voran. Dabei erkunden sie die fremde Gegend mit der nötigen Vorsicht, so wie sie es gelernt haben. Auf diese Weise nehmen sie alle Reize der Umgebung mit wachen Sinnen auf und genießen den lang ersehnten Streifzug so richtig.

Aus einem Rosenbusch schwirren die Wanderer über den Weg zu einer benachbarten Hainbuche. Dort verharren sie einen Moment, bevor ihr Flug sie weiter zur nächsten Hecke führt. Aber hier treffen sie unversehens auf eine große Spatzenschar und Opa Gustav schlägt vor, eine Rast einzulegen. Für eine Weile schwillt die Lautstärke des Gezwitschers in der Hecke deutlich an, denn jeder möchte etwas von den Neuankömmlingen wissen. Heiner berichtet stolz von ihren Reiseplänen und die neuen Freunde lauschen staunend seinen Ausführungen. Besonders die jungen Haussperlinge wollen alles genau wissen, doch die Reise der Spatzenkinder hat ja erst begonnen. Moni schlägt ihnen einen Besuch in der großen Bibliothek vor.

„Ein Abstecher dahin lohnt sich immer. Dort könnt ihr was lernen!", beteuert Lisa ebenfalls.

Gleich darauf entsteht eine angeregte Unterhaltung mit Opa Gustav, der alles über die Spatzenbibliothek weiß. Jeder Sperling hängt wie gebannt an seinem Schnabel, um die erstaunliche Entstehungsgeschichte der großen Bibliothek zu erfahren, und es zeigt sich, dass er ein wundervoller Geschichtenerzähler ist. Heiner und die Mädchen sind mächtig stolz auf ihn.

Doch irgendwann knurren den Besuchern die leeren Bäuche. Wandern macht anscheinend hungrig. Da lädt die Spatzenverwandtschaft die Wanderer zum Essen ein und sie flattern zur Nahrungssuche auf eine nahe gelegene Wiese. Obwohl sich die Mitglieder der Reisegruppe hier nicht auskennen, bietet ihnen die Gesellschaft der neuen Freunde ausreichend Sicherheit.

Nach der Mahlzeit platzieren sich alle Vögel wieder in der Hecke und tschilpen erneut munter drauflos. Schließlich stellt Opa fest, dass es für eine Weiterreise schon zu spät geworden ist. Sie haben viel zu lange geschwatzt und dabei die Zeit und ihr Ziel aus den Augen verloren. Er beschließt deshalb, die erste Nacht hier zu verbringen. Als Heiner herzhaft gähnt, müssen auch die Mädchen ihren Schnabel aufreißen, doch nicht nur, weil es ansteckend ist. Die kleinen Weltenbummler sind rechtschaffen müde.

„In unserer Hecke ist für alle reichlich Platz", tönt es lautstark aus vielen Schnäbeln, denn alle Spatzen des Schwarms wollen die Gäste zum Schlafen einladen.

Dazu sagen die Wandervögel nicht Nein. Sie suchen sich inmitten der anderen Haussperlinge ein gemütliches Plätzchen und betrachten blinzelnd die untergehende Sonne. Doch schon nach kurzer Zeit schlafen sie über dieser Betrachtung ein.

Am darauffolgenden Morgen fliegt das Sperlingsvolk noch einmal gemeinsam zum Frühstück. Aber gleich danach verabschieden sich die Wandergesellen von den lieb gewonnenen Freunden, denn sie möchten heute unbedingt ihr erstes Reiseziel erreichen. Ihre Stimmung steigt, als ihnen die Spatzen aus der Hecke glaubhaft versichern: „Bis zu den Uhus ist es nicht mehr weit."

Opa Gustav setzt sich an die Spitze der Reisegesellschaft, und während sie fröhlich zwitschern, bringen sie die kurze Strecke bis zur Voliere der Eulen hinter sich.

Bei den Jägern der Nacht

Die Uhus hocken reglos, aber gut sichtbar auf ihren Ästen und scheinen zu schlafen. Doch wohl nicht allzu tief, denn gelegentlich verrät ein Augenblinzeln ihr Interesse an den vorbeilaufenden Besuchern. Und auch die Mitglieder der kleinen Wandergruppe werden in ebendieser Weise von den großen Eulen empfangen.

„Siehst du, Heiner, ich habe euch nicht zu viel versprochen." Opa freut sich, dass er recht behalten hat, und er hüpft gut gelaunt auf eine Wurzel, die als Dekoration vor dem Käfig liegt.

Die Sperlingskinder folgen ihm auf dem Fuße, denn sie wollen sich einen guten Beobachtungsposten sichern, um ja nichts zu verpassen. Doch die Eulen sitzen nur still da.

„Den Uhus fallen gleich die Augen zu", bemerkt Moni sofort, zeigt jedoch dafür Verständnis. „Ich glaube, die wollen schlafen."

Dagegen fragt Lisa frech in die Runde: „Die haben wohl alle eine Nachtschicht gemacht?"

Ihre Geschwister lachen und selbst Opa muss schmunzeln, aber Lisa hat mit ihrer Vermutung nicht mal unrecht.

„Lisa, du hast recht. Eulen sind wirklich hauptsächlich nachts beschäftigt."

Doch bevor die Spatzenkinder noch andere komische Vermutungen anstellen können, versammelt Opa Gustav sie um sich herum und erzählt ihnen, warum. Heiner und seine Schwestern sind ganz Ohr, denn sie erfahren über das Eulengeschlecht erstaunliche Dinge.

„Uhus sind nachtaktiv, denn sie konnten, genau wie andere Eulen, durch verschiedene Anpassungen ihres Körpers an die Dunkelheit die Nacht für sich erobern." Gleich darauf rühmt Opa gebührend das feine Gehör, das bemerkenswerte Sehvermögen und den geräuschlosen Flug. „Diese typischen Eigenschaften befähigen Eulen zur Nachtaktivität", fasst er schließlich zusammen.

„Ein geräuschloser Flug?" Das war Heiner noch nicht bekannt.

„Ja, Heiner, Eulen haben außergewöhnliche Schwingen. Mit ihnen

können sie besonders langsam und leise fliegen, weshalb man sie sogar als lautlose Jäger der Nacht bezeichnet. Große Flügelflächen, die samtartige Beschaffenheit der Federn und kleine Zähnchen an den Außenfahnen der Handschwingen machen es möglich und führen geradewegs zum Jagderfolg."

Außerdem berichtet Opa, dass Uhus oft von einem Ansitz aus ihre Beute jagen und sie sich von dort, sozusagen auf leisen Federn, zum Beuteflug aufmachen, wenn sie etwas Lohnendes entdeckt haben. „Den Tag verschlafen Eulen gern an geschützten Stellen wie in Felsnischen oder in Baumkronen und auch Uhus findet man an solch versteckten Orten. Für gewöhnlich sitzen sie regungslos da, haben die Federohren aufgerichtet und die Augen zu schmalen Schlitzen verengt. Das führt zu einer perfekten Tarnung."

Während Opas Schilderung betrachten die jungen Spatzen die Uhus im Käfig neugierig und erkennen, dass die großen Eulen hier ebenfalls die beschriebene Tarnhaltung zum Schlafen eingenommen haben.

Auf der Voliere dagegen herrscht einige Unruhe, weil dort inzwischen zwei Krähen gelandet sind. Was sie dazu verleitet hat, können die Spatzen nicht ausmachen, aber sie sind sehr gespannt, was die Vögel auf dem Dach vorhaben. Plötzlich stößt eine der Krähen mit glockenheller Stimme mehrere Rufe aus. Da sie viel zu laut und unerwartet kommen, zucken die Sperlingskinder zusammen.

„Gibt sie etwa anderen damit ein Signal?", fragt Heiner erschrocken.

Opa weiß auch nicht, was die Krähe im Sinn hat, und bedeutet seinen Enkelkindern, sich ruhig zu verhalten.

Die rufende Krähe scheint einen Uhu im Visier zu haben, der weit oben auf dem Ende eines dicken Stammes sitzt und mit seinem Kopf fast an das Käfigdach stößt, denn entschlossen pirscht sie sich mit kleinen Hüpfern an ihn heran. Dabei sieht ihr die andere Krähe interessiert zu, genauso wie es auch die Haussperlinge tun. Gemeinsam beobachten sie nun, wie die aufdringliche Krähe den Uhu eingehend beäugt, aber die Spatzen erkennen immer noch nicht, was sie plant. Während die Spannung steigt, wagt keiner sich zu rühren, allerdings hoffen sie, dass sich das Rätsel schnell lösen wird.

Und dann passiert es.

Blitzschnell zieht die Krähe kräftig an einem Ohrbüschel des Uhus und wiederholt gleich darauf das Ganze noch einmal. Der Uhu schaut empört und jetzt mit weit geöffneten Augen zu den Spatzen hinunter, anstatt zu bemerken, dass die Gefahr von oben kommt. Dabei ist sein Blick sehr vorwurfsvoll, gerade so, als ob die Sperlinge die Verursacher seiner Not seien.

Über diese Anschuldigung sind die Spatzenkinder sichtlich empört, weshalb sie den Uhu auf den eigentlichen Schlawiner aufmerksam machen wollen. Jedoch hat sich die freche Krähe inzwischen aus dem Staub gemacht, gefolgt von ihrer Artgenossin. Hilfesuchend schauen die Kleinen Opa Gustav an, doch der winkt ab. Er ist davon überzeugt, dass der verschlafene Uhu die Situation sowieso nicht verstehen wird.

Indes ertönt vom gefoppten Uhu ein durchdringendes „Uhhuu, uhhuu!" und auf leisen Schwingen wechselt der imposante Vogel seinen Sitzplatz.

Verblüfft schauen sich die Spätzchen an. Ein Vogel, der seinen eigenen Namen ruft? Das ist wirklich erstaunlich. Aufgekratzt tschilpen sie los, alle auf einmal.

In diesem Durcheinander bringt es Tine schließlich auf den Punkt. „Der ruft ja seinen Namen!", piepst sie, so laut es geht, dazwischen.

Die Spatzenkinder halten inne und drehen sich erwartungsvoll zu Opa um. Der weiß darüber natürlich auch etwas zu berichten. „Der Uhu wurde wirklich nach seinen Rufen benannt, die sich ohne Zweifel wie ein Uuo, Buho oder Uuhhu anhören, je nachdem, was jeder aus ihnen heraushört. Desgleichen wurde der wissenschaftliche Name des Uhus, Bubo bubo, von diesen Lautäußerungen abgeleitet."

Die Spätzchen können dem nur beipflichten. Beeindruckt wenden sie sich wieder dem Uhu zu, der nun mit dem Rücken zu ihnen dasitzt. Doch allem Anschein nach hat er Opas Erklärung ebenfalls vernommen, denn wie auf Kommando dreht er seinen Kopf zu den Spatzen herum und schaut ihnen über seine Schulter hinweg direkt auf die Schnäbel. Dabei leuchten seine großen orangeroten Augen so eindringlich, dass den Vögelchen mulmig zumute wird.

„Hat er uns gehört?", flüstert Tine ängstlich, während Heiner davon überzeugt ist.

„Sicher hat er was gehört. Er hat doch seine Ohren ganz aufgestellt", tönt er.

Da erklärt Opa, dass das nicht stimmt. „Diese auffälligen Federbüschel, die nebenbei nicht alle Eulenarten besitzen, sind keine Ohren, denn die sitzen seitlich am Kopf. Diese beweglichen Federohren dienen der Verständigung, indem sie mit ihrer jeweiligen Stellung die Stimmungslage der Eulen anzeigen."

Moni grübelt derweil noch über die Krähe nach. „Aber warum hat die Krähe dem Uhu die Federohren lang gezogen?", fragt sie interessiert.

Opa Gustav lacht, dann erklärt er den Kindern vergnügt: „Was der Krähe da im Kopf herumgespukt ist, weiß ich wirklich nicht. Doch die Intelligenz von Rabenvögeln ist nicht zu unterschätzen. Vielleicht wollte sie die Federn des Uhus zum Nestbau haben. Weiches Material zum Auspolstern der Nester ist auch bei Krähen gefragt, da kommen ihnen die Federn oder Haare unserer Zootiere gerade recht. Ich selbst konnte schon oft beobachten, wie Krähen auf dem Rücken von Ziegen, Kamelen oder Ponys gesessen haben, um dort das lose Winterfell der Tiere abzuzupfen."

„Wirklich?" Lisa zweifelt einerseits den Wahrheitsgehalt von Opas Worten an, doch zugleich ist sie von der Findigkeit der Krähen fasziniert.

„Doch, doch, es stimmt", bestätigt Opa. „Die betreffenden Tiere empfinden diese Behandlung sogar als angenehm, denn sie werden damit schneller das alte Fell los. Ein weiterer willkommener Nebeneffekt ist, dass die Krähen gleichzeitig unangenehm juckende Stellen auf dem Rücken der Tiere bearbeiten und sie deshalb gern stillhalten."

Daraufhin meldet sich Tine zu Wort. „Wir Spatzen sammeln ja auch Federn und Tierhaare als Polstermaterial für den Nestbau."

„So ist es." Opa schaut amüsiert in die Runde. „Freilich gibt es andererseits noch die Möglichkeit, dass die Krähe vor lauter Übermut den Uhu einfach nur ärgern wollte."

Was die Krähe letzten Endes wirklich von dem Uhu wollte, das werden die Spatzen wohl nie erfahren. Jedoch verlassen sie den Uhukäfig kurzerhand, nachdem alle interessanten Aktivitäten gemeinsam mit den Uhus eingeschlafen sind. Dabei ist jeder mit seinen Eindrücken beschäftigt.

Unterwegs fällt Tine etwas ein. „Habt ihr gesehen", zwitschert sie aufgeregt, „wie weit der Uhu seinen Kopf herumdrehen konnte?"

Moni und Lisa nicken zustimmend.

Auch Heiner hat es bemerkt und bestätigt Tines Beobachtung. „Ja, Tine. Man konnte es erkennen, als der Uhu uns über die Schulter hinweg angeschaut hat. Ganz locker sah das aus."

„Das ist eine weitere Eigenheit der Eulenfamilie", mischt sich Opa in das Gespräch ein. „Die erstaunliche Beweglichkeit des Kopfes wird durch eine ungewöhnliche Drehbarkeit der Halswirbel ermöglicht. Es bereitet dem Uhu also kaum Mühe, nach hinten zu schauen. In Wahrheit kann er seinen Kopf sogar noch ein Stück weiter drehen und ihn bei Bedarf beträchtlich neigen, was beim Aufspüren von Beute hilfreich ist."

Und damit sind bestimmt noch nicht alle Geheimnisse der Uhus gelüftet. Fast bedauern die Sperlingskinder, dass sie schon losmarschiert sind. Doch vielleicht kehren sie ja noch einmal zu den Uhus zurück.

Die Launen der Natur

In einem munteren Auf und Ab schwirren die Haussperlinge ausgelassen vorwärts. Einmal sausen die Jungen vorneweg, ein andermal fliegen sie gemütlich hinterdrein und zwischendurch hüpfen sie zur Abwechslung auch mal eine Strecke am Boden. Opa lässt die übermütigen Spätzchen gewähren, jedoch führt er sie gelegentlich in einen Strauch, in eine Hecke oder in ein Gebüsch, weil er kurz verschnaufen muss. In dieser Weise kommen sie ein gutes Stück voran.

Als die Reisegesellschaft etwas langsamer fliegt, trällert Moni ein Lied vor sich hin. Lisa und Tine stimmen fröhlich in ihren Gesang ein.

„Heiner, warum singst du denn nicht mit?" Opa schaut Heiner verwundert an. „Sonst bist du doch auch überall mit dabei."

„Ich kann doch überhaupt nicht singen", piepst Heiner kleinlaut.

Das sieht Opa nicht so. „Kein Spatz kann sonderlich schön singen. Aber mit einem Liedchen auf dem Schnabel wandert es sich viel besser!", muntert er Heiner auf. „Sieh dir deine Schwestern an."

Heiner geniert sich noch eine Weile, doch die beschwingte Melodie ist einfach mitreißend. Zuerst summt er leise mit, aber bald zwitschert er ebenso vergnügt wie die Mädchen. Opa Gustav gibt zufrieden den Takt an, während sie heiter ihrem nächsten Etappenziel entgegenstreben.

Ganz so heiter wie die Haussperlinge zeigt sich das Wetter nicht mehr. Inzwischen haben sich am Himmel dunkle Wolken zusammengezogen und über die Besucherwege fegt ein böiger Wind.

„Da braut sich was zusammen!", ruft Opa alarmiert und sein Blick richtet sich forschend auf den wolkenverhangenen Himmel. Danach schaut er sich suchend um. Einsetzender Regen bestätigt Opas schlechte Ahnung, sodass er seinen Enkelkindern bedeutet, ihm schleunigst zu folgen. „Wir müssen die mit Efeu bewachsene Hauswand dort vorn erreichen, da sind wir in Sicherheit!", ruft er laut gegen den Wind an.

Gerade rechtzeitig schaffen sie es in den trockenen Unterschlupf, denn im selben Moment regnet es draußen auch schon richtig los. Um den Regentropfen zu entgehen, verziehen sich die Haussperlinge so tief wie möglich in das Rankengewirr. Sie harren geduldig aus, doch es hat den Anschein, dass sich die einmal geöffneten Schleusen nicht so schnell wieder schließen werden.

Schon bald zeigt das eintönige Rauschen seine Wirkung. Im wohligen Schutz der Efeuranken fallen einem nach dem anderen die Augen zu und sie schlafen einige Zeit tief und fest.

Plötzlich wacht Opa Gustav auf. Hat ihn ein Geräusch geweckt? Aber nein, das Gegenteil ist der Fall! Der Regen hat aufgehört und ringsum herrscht gespenstische Ruhe.

„Vielleicht bin ich deshalb aufgewacht", denkt sich Opa. Neugierig schlüpft er durchs Geäst nach draußen, um nachzuschauen, was los ist. Die meisten Wolken haben sich verzogen und die Sonne scheint. Opa muss blinzeln, denn an den dunkelgrünen Blättern hängen noch überall Wassertropfen, in denen sich das Sonnenlicht vielfach widerspiegelt.

Während Opa Gustav die glitzernde Pracht in der Nähe bestaunt, fällt ihm am Horizont eine andere Erscheinung ins Auge. Dort spannt sich ein wunderschöner Regenbogen über den Himmel. Flugs schlüpft Opa zurück, um seine Enkelkinder zu wecken. Das Naturschauspiel vor dem Versteck will er ihnen unbedingt präsentieren, jedoch schnell, bevor es wieder verschwunden ist.

„Kinder, kommt rasch! Ich möchte euch einen Regenbogen zeigen."

Kurz darauf sitzen alle in einer guten Position und die Spatzenkinder staunen über das mehrfarbige Band, das sich am Himmel wölbt.

Moni findet als Erste ihre Sprache wieder. „Das ist ein Regenbogen? Wo kommt der denn auf einmal her?", will sie von Opa wissen.

Da es Opa Gustav drängt, seinen Enkelkindern die Ursache dieser farbigen Lichterscheinung zu erklären, legt er gleich los. „So ein Regenbogen entsteht, wenn das Licht der tief stehenden Sonne eine Regenwand anstrahlt. Dabei bricht jeder einzelne Regentropfen das weiße Sonnenlicht und reflektiert es. Das Licht wird in die Regenbogenfarben zerlegt und erscheint als farbiges, halbkreisförmiges Lichtband am Horizont gegenüber."

„Oh, wie ist das schön", seufzt Lisa.

Tine pflichtet ihr bei: „So etwas Schönes haben wir noch nie gesehen."

Gebannt schauen die Haussperlinge so lange in die Ferne, bis das Wetterphänomen verblasst ist. Dann machen sie sich wieder auf den Weg. Doch die tief stehende Sonne signalisiert ihnen, dass sie sich bald einen Unterschlupf für die Nacht suchen sollten.

Nach einiger Zeit fliegen sie an einem Stallgebäude entlang und mit viel Schwung um die hintere Hausecke herum. Opa kann den Jungen kaum folgen. Da stoßen die Sperlingskinder vorn unvermittelt auf ein Hindernis und verhindern nur mit einer Vollbremsung den Zusammenstoß. Ein Gebilde, das wie ein aufgespannter Regenbogen aussieht, versperrt ihren Weg. Verdattert starren die Spätzchen auf das Ungetüm und unzählige, bunt schillernde Augen starren zurück. Als Opa eintrifft, schnappt er sich die Kleinen und umrundet mit ihnen hastig die eigenartige Gestalt. Von der anderen Seite verschafft er sich einen Überblick und stellt erleichtert fest, dass ihnen von diesem bunten Vogel keine Gefahr droht. Der vermeintliche Regenbogen entpuppt sich nämlich als balzender Pfau.

Doch zuerst schimpft Opa Gustav mit seinen Enkelkindern. „So ungestüm, wie ihr wieder unterwegs wart, hättet ihr leicht in euer Verderben fliegen können!"

„Opa, du hast recht", gibt Moni kleinlaut ihren Fehler zu.

Lisa ist jedoch sorglos. „Es ist doch nur ein Regenbogen", tönt sie naseweis.

Lachend belehrt Opa sie eines Besseren. „Nein, Lisa. Diesmal ist es kein Regenbogen. Das hier ist ein männlicher Pfau in seiner ganzen Federpracht. Schau doch nur, wie er seine bunten Oberschwanzdeckfedern zu einem imposanten, fächerförmigen Rad aufstellen kann! Das gehört zu seinem Balzverhalten, um Weibchen zu beeindrucken."

Über das prachtvolle Farbenspiel, das der Pfau leidenschaftlich zur Schau stellt, staunen die Kleinen nicht schlecht. Sie entdecken darüber hinaus, dass jede Schmuckfeder ein auffälliges, in verschiedenen Blautönen schillerndes Auge ziert. Und wirklich viele davon schmücken den Fächer.

„Die Federn schimmern noch prächtiger, wenn Licht darauf fällt", betont Opa gerade, als der Vogel wie auf Kommando in das letzte

Sonnenlicht des Tages eintaucht. Bei diesem schönen Anblick bleibt den Spatzenkindern glatt der Schnabel offen stehen.

Opa freut sich, dass der Pfau noch sein hübsches Gefieder hat, denn die Mauserzeit der Vögel ist schon im Gange.

„Dieser hier scheint spät dran zu sein. Doch bald wird auch er die herrlichen Pfauenaugenfedern verlieren und eine Weile ohne sie auskommen müssen, und zwar so lange, bis ihm wieder neue gewachsen sind", erzählt Opa den Spätzchen. Aber er weiß noch mehr. „Die Weibchen dieser prachtvollen Hühnervögel sind nur mit einer schlichten Tarnfarbe ausgestattet. Jedoch dient sie ihrem Schutz, besonders während der Brut und der Aufzucht der Jungen."

Obwohl keine Hennen in der Nähe sind, ist Opa davon überzeugt, dass der Pfauenhahn welche anlocken will. Deshalb verfolgen

Heiner und seine Schwestern sehr interessiert seine Bemühungen. Der Pfau rüttelt leidenschaftlich seine aufgestellten Schmuckfedern. Gleich darauf trampelt er eifrig auf der Stelle und dreht sich danach gemessenen Schrittes im Kreis, um sein herrliches Rad rundum zu präsentieren. Die Mädchen fasziniert die Darbietung sehr und sie hoffen, dass sich bald ein Weibchen einfindet. Doch der Vogel scheint keinen Erfolg zu haben, denn er lässt seine Federn langsam wieder sinken und trägt sie nun in einer langen Schleppe hinter sich her. Gefasst schreitet er davon, um an anderer Stelle sein Glück zu versuchen.

Die Haussperlinge schauen dem fortziehenden Pfau noch eine Weile hinterher. Dann fliegen sie selbst in eine andere Richtung davon, um sich ein sicheres Nachtlager zu suchen.

Alles schön langsam,
aber wie geht das bloß?

„Dort vorn ist unser nächster Beobachtungspunkt!" Opa zeigt auf einen Käfig an der in Sicht kommenden Weggabelung.

Vor Aufregung beschleunigen die Spatzenkinder ihren Flug und Opa Gustav eilt hinterher. Wenig später haben sie den dicht bepflanzten Tierkäfig erreicht und äugen neugierig hinein. Sie entdecken zwischen den kleinen Bäumen und den großen Büschen etliche waagerecht angebrachte Kletterstangen sowie einige gespannte Seile, nur ein Tier ist nicht zu sehen. Die fünf Wandergesellen entdecken jedoch etwas anderes. Das Gras auf dem Käfigboden wurde vor Kurzem gemäht und liegen gelassene, mit Samen gefüllte Halme laden zu einer willkommenen Mahlzeit ein.

Opas Blick schweift prüfend umher und auch die jungen Haussperlinge schauen sich aufmerksam um. Da nirgends eine Gefahr zu erkennen ist, huschen sie, einer nach dem anderen, durch die Gittermaschen und hüpfen mitten in die verführerische Futterstelle hinein. Dort wenden sie eifrig die Rispen hin und her, um an die leckeren Grassamen zu gelangen, aber für alle ist genug da. Anschließend flattern sie schwerfällig nach oben auf einen kahlen Ast und schauen sich noch einmal genauer im Käfig um. Doch selbst auf den zweiten Blick ist hier nichts los. Die Kletterstangen sind verwaist und in den Bäumen und Büschen bewegt sich nichts.

Doch dann entdeckt Moni etwas. „Dahinten in der Astgabel unter dem kleinen Dach sehe ich ein Fellbündel hocken", tschilpt sie verdutzt. Obwohl sie angestrengt hinschaut, kann sie nicht erkennen, wo oben oder unten und wo vorn oder hinten ist.

Doch just in diesem Moment entfaltet sich das zusammengekauerte Geschöpf gemächlich und zum Vorschein kommen lange Gliedmaßen mit kräftigen, gekrümmten Krallen. Dann beginnt sich das merkwürdige Tier vorwärtszubewegen, aber nicht in normaler Manier, sondern mit dem Körper von den Kletterseilen herabhängend und ungewöhnlich langsam. Mithilfe seiner Krallenhaken hangelt es sich Stück für Stück daran entlang bis zu einem großen Blätterstrauß, der als Futter an einem Ast befestigt wurde. Dort sucht es kurz nach einem geeigneten Platz zum Hängen und führt schließlich recht gemütlich, aber mit sichtbarem Appetit Blatt für Blatt mit seinen krallenbewehrten Händen zum Maul.

Fasziniert hopsen die Spatzen auf einen benachbarten Zweig, damit sie das rätselhafte Wesen genauer in Augenschein nehmen können, und für einen Augenblick wendet sich ihnen ein koboldhaftes Gesicht zu. Aber gleich widmet sich das zottelige Tier wieder seiner Mahlzeit und lässt sich nicht weiter von den herumzappelnden Spätzchen stören.

„Was ist denn das für ein ulkiges Tier? Das bewegt sich ja wie in Zeitlupe!", ruft Moni erstaunt.

Lisa möchte wissen: „Wieso hängt das denn verkehrt herum?"

„Muss sich das ans Futter heranschleichen?", witzelt derweil Heiner.

„Aber warum denn verkehrt herum?" Tine wundert sich nicht weniger.

Die vier bestürmen Opa fast gleichzeitig mit ihren Fragen und sie sind gespannt, was er über das eigentümliche Verhalten des Tieres zu berichten weiß.

„Wir können hier ein Faultier, genauer gesagt, ein Zweifingerfaultier beobachten. Es ist ein großes Glück, dass wir das Faultier in Aktion erleben ...", beginnt Opa seine Erklärung.

„Ein Faultier?", unterbrechen ihn die jungen Spatzen im Chor. Dabei blicken sie sich vielsagend an und kichern.

Doch Opa fährt schon mit seinem Bericht fort. „Natürlicherweise verschlafen Faultiere den Großteil des Tages. Zumeist hängen sie reglos im Geäst oder kauern still in Astgabeln und ihre wenigen Aktivitäten vollführen sie schleppend langsam, so wie wir es gerade gesehen haben. Seltsamerweise hat die Natur diese spezielle gemächliche Lebensweise begünstigt und sie ist unter Säugetieren einzigartig. Aber Menschen haben sie mit Faulheit gleichgesetzt und die Tiere aus diesem Grund Faultiere genannt."

„Ich glaube, Heiner ist manchmal auch ein Faultier", vertraut Lisa Opa Gustav an.

Natürlich streitet Heiner das energisch ab, während sich die Mädchen über ihn lustig machen.

Opa geht auf die kleine Stichelei nicht ein, stattdessen bekräftigt er seine Worte. „Glaubt mir, Kinder, die Lebensart der Faultiere in ihrem tropischen Lebensraum Mittel- und Südamerika ist durchaus ein cleveres Erfolgskonzept."

Das kann ja sein, aber die jungen Spatzen bezweifeln, dass so ein langsames Tier in der Natur erfolgreich sein soll. Deshalb bleibt Opa Gustav nur, den ungläubigen Spatzenkindern die Strategie dieser Tiergruppe näher zu erläutern.

„Die meiste Zeit ihres Lebens verbringen Faultiere in Baumkronen. Dort finden sie nämlich ihre Nahrung, hauptsächlich kalorienarme Blätter oder Knospen. Allerdings heißt es bei der kargen Kost, Energie zu sparen, und das erreichen Faultiere durch extrem langsame Bewegungen. Außerdem kommt ihnen sehr zupass, dass ihnen durch den hängenden Aufenthalt im Blätterdach das Futter geradezu ins Maul wächst. Dabei bereitet ihnen das Hängen an den Ästen wegen der kräftigen, sichelförmig gebogenen Krallen keine Anstrengung. Obendrein haben Faultiere einen sehr gelenkigen Hals, was den Aufwand, an Futter zu gelangen, ebenfalls verringert."

Opa holt einmal tief Luft. Dann kratzt er sich am Kopf und fährt mit seinem Redeschwall fort. „Wollen Faultiere auf andere Bäume wechseln, hangeln sie sich mit ihren langen Armen über angrenzende Zweige dorthin. Auf den Boden klettern sie nur, um von dort unerreichbare Bäume zu erklimmen. Aber ungefähr einmal in der Woche müssen sie den Erdboden aufsuchen, um auf die Toilette zu gehen. Manchmal geraten Faultiere auch ungewollt in tiefes Wasser, aber selbst das bringt sie nicht aus der Ruhe. Geschickt paddeln sie ans nächste Ufer. Zugleich gibt es eine weitere interessante Anpassung an die vorwiegend hängende Lebensweise. Das Fell wächst nämlich von der Bauchseite zur Rückenseite hin. Damit kann Regenwasser gut an den Haaren ablaufen."

Opa schaut in die aufmerksamen Gesichter der Kleinen. Schließlich weist er auf den Käfigbewohner vor ihnen. „In unserem Zoo verschläft das Zweifingerfaultier ebenfalls den überwiegenden Teil seines Faultierlebens und verwendet nur geringe Zeit zur Nahrungsaufnahme oder für andere Aktivitäten. Aber ihr wisst ja nun, faul ist es deswegen nicht, es ist einfach seine Natur."

„Das ist aber ein cooles Tier!", findet Moni jetzt.

„Ja, wahrscheinlich, weil es niemals ins Schwitzen kommt." Lisa kann sich diese freche Bemerkung nicht verkneifen.

Aber Tine wünscht sich zaghaft: „So möchte ich mich auch bewegen können." Die langsame Gangart gefällt ihr außerordentlich gut.

Diese Idee greifen die anderen drei sofort auf. Die gemächlichen Bewegungen des Faultieres nachzumachen, das wäre doch sehr lustig.

„Lasst uns in Zeitlupe an das andere Ende des Käfigs fliegen. Auf drei geht's los!" Heiner gibt sogleich das Kommando.

Die Mädchen willigen begeistert ein und stellen sich neben Heiner in einer Linie auf. Derweil beobachtet Opa die Kinder vergnügt, aber er möchte bei derartigen Spielchen nicht mitmachen. Den Übermut der Jugend hat er längst hinter sich gelassen, doch er zeigt Verständnis und lässt die Kinder gewähren.

Nachdem Heiner betont langsam bis drei gezählt hat, fliegen sie los. Doch so einfach wie gedacht ist langsames Fliegen nicht zu meistern. Schon gleich nach dem Start kommen die Spätzchen ins

Straucheln und Gleichgewicht suchend purzelt einer nach dem anderen zu Boden. Dort stoßen sie zusammen und schauen sich verdutzt um, weil sie für den Moment die Orientierung verloren haben. Doch sogleich rappeln sie sich wieder hoch, schütteln das Gefieder aus und lachen laut los.

Auch Opa lacht und meint: „Das hätte ich euch gleich sagen können, dass das nicht funktioniert. Pummelige Spatzenkörper fliegen nun einmal nur mit einem schnellen Flügelschlag, sonst geht es nicht vorwärts."

„Na, dann hüpfen wir eben in Zeitlupe", beschließen die vier prompt und schon machen sie sich bereit.

Auch bei dieser Übung hat Opa so seine Zweifel und gibt zu bedenken: „Das kann einfach nicht gut gehen, denn langsam hüpfen hat man Spatzen doch noch nie gesehen! Dagegen ist es Spatzenart, immer eilig und unbeirrt auf dem Erdboden mal hierhin und mal dorthin zu hopsen."

Aber die Spätzchen wollen es dem Faultier partout gleichtun und lassen sich nicht aufhalten. Sie kommen jedoch nicht weit, denn schon ist es passiert. Sie stoßen zusammen, torkeln nach dem Aufprall durcheinander und bekommen zu guter Letzt schmerzhafte Krämpfe in den Beinen. Dabei sind ihre unkoordinierten Bewegungen noch komischer als die beim langsamen Fliegen.

Opa amüsiert sich köstlich und hält sich vor Lachen seinen Bauch. Die Kleinen finden es allerdings nicht mehr lustig. Immer nur hinfallen ist nicht schön, zumal sie durch den einen oder anderen Zusammenstoß bestimmt blaue Flecken kriegen werden. Einhellig beschließen sie, verkehrt herum an einem Ast zu hängen oder mit dem Rücken nach unten zu fliegen, wollen sie heute nicht mehr ausprobieren. Sie sind sehr enttäuscht, dass ihr Plan nicht funktioniert hat. Selbst im Nachtquartier schmollen die Kleinen noch. Doch nach ein paar aufmunternden Worten von Opa sehen sie schließlich ein, dass diese spezielle Fortbewegungsart wirklich den Faultieren vorbehalten bleiben sollte.

Nicht nur Hunde können bellen

Auf dem Weg zum Frühstück kommen die Wanderer an einer Bank vorbei.

„Wie sieht's denn hier wieder aus?" Opa schüttelt bekümmert den Kopf. Neben vielen Essensresten liegen auch noch etliche Verpackungen herum.

Die Spatzenkinder dagegen stört der Unrat nicht, sie haben nur Augen für die appetitlichen Reste.

„Lasst uns hier gleich frühstücken", schlägt Heiner vor und schon hopsen die Sperlingskinder unter die Bank und picken eifrig Krümel auf.

Opa zögert, dann flattert er in die Bepflanzung dahinter. „Mir schmecken Sämereien besser", verkündet er.

Nach einer Weile drängt Opa zum Aufbruch. „Wir haben noch einen weiten Weg vor uns, deshalb sollten wir jetzt losfliegen", tschilpt er.

Entschieden lotst er die Jungen vom üppigen Frühstücksbuffet weg und hinaus auf die Strecke. Doch der Weg ist nicht ganz gefahrlos. Er bietet der kleinen Spatzenschar keine Deckung und alle fliegen eilig und wie an einer unsichtbaren Schnur gezogen vorwärts, bis sie in einem Bambushain Schutz finden. Atemlos schlüpfen sie in das Innere, denn mit einer kurzen Rast wollen sie sich vom schnellen Flug erholen.

„Ich habe Durst", klagt Heiner nach einer Weile und auch die Mädchen sind der Meinung, dass sie einen Schluck Wasser gut vertragen könnten.

„Kein Wunder, dass ihr durstig seid. Ihr habt zu viele gesalzene Chips gegessen", hält Opa ihnen vor. „Nicht alles, was Menschen essen, ist für uns gesund." Dann überlegt er angestrengt, wo sich die nächste Tiertränke befindet. „Es ist nur ein kleiner Umweg", stellt er schließlich fest und der Trupp setzt sich unter seiner Führung erneut in Bewegung.

Zügig fliegen die Haussperlinge über eine Wiese und anschließend an einer dicken Mauer entlang. Als sie eine Toreinfahrt erreichen, sausen sie um die Ecke, flattern über den dahinterliegenden
kleinen Hof und stoppen schließlich vor einem Stallgebäude. Opa
steckt kurz seinen Kopf hinein, um zu sehen, ob sich Wasser in der
Tränke befindet, dann winkt er den Kleinen, ihm zu folgen. Glücklich
versammeln sie sich am gefüllten Trog, denn so durstig waren sie
noch nie. Doch Heiner, ganz der Kavalier, lässt seinen Schwestern
den Vortritt und bedient sich erst, nachdem diese ihren Durst gestillt
haben. Auch Opa hält sich noch zurück, er behält argwöhnisch die
Umgebung im Auge, aber nichts stört ihre Rast. Schließlich nimmt
er selbst einige Schlucke und beherzt wieder die Reiseleitung in die
Hand.

Lange Zeit geht es durch den dunklen Schatten großer Bäume,
aber irgendwann tauchen sie in gleißendes Sonnenlicht ein und ihr
Reiseziel liegt direkt vor ihnen. Es ist eine nach oben hin offene,
sonnige Anlage, auf der etliche possierliche Tierchen herumwuseln.
Für einen besseren Überblick nehmen die Haussperlinge auf einem
Zierapfelbaum Platz. Belustigt schauen die Jungen auf das muntere
Treiben und Opa stellt die Zoobewohner als Schwarzschwanz-Prä-
riehunde vor.

„Die sind aber drollig", entfährt es Lisa.

Moni möchte mehr erfahren. „Opa, erzähle uns was über diese
Tiere", bittet sie.

Opa setzt sich gemütlich in ihre Mitte, dann legt er los. „Schwarz-
schwanz-Präriehunde sind Bewohner der nordamerikanischen
Grassteppe, auch Prärie genannt, wo sie mit unzähligen Tieren in
riesigen Kolonien leben.

Jede Präriehundfamilie gräbt in akribischer Kleinarbeit einen
weitverzweigten Bau in den Boden, der sicheren Schutz vor Feinden
bietet, in dem im Frühjahr die Jungen geboren werden und in dem
die Tiere im Winter ihren Winterschlaf halten. Zum Schutz vor Über-
schwemmungen häufen die munteren Erdhörnchen noch Erdwälle
um die Eingänge der Röhren an und stampfen das Erdreich mit ihrer
Stirn ordentlich fest. Ihre Nahrung finden Schwarzschwanz-Prärie-
hunde im Überfluss direkt vor der Haustür, denn sie besteht aus den
Gräsern des wogenden Graslandes. Manchmal rupfen die Tiere das

Gras auch nur ab und lassen es zum Trocknen liegen, damit sie es später als Polstermaterial in ihre Erdhöhlen tragen können."

„Opa, was du alles weißt!", stellt Tine bewundernd fest und Opa freut sich über das Lob.

Tatsächlich bemerken die jungen Sperlinge schnell, auch die Anlage im Zoo ähnelt einer von Opa beschriebenen Kolonie, und sie staunen über die Betriebsamkeit.

Da die emsigen Nagetiere gern tagsüber aktiv sind, präsentieren sie ihre vielfältigen, oberirdischen Beschäftigungen natürlich zur besten Besuchszeit und das findet bei allen Zoobesuchern großen Anklang. Allerdings gibt es eine Einschränkung, denn Präriehunde sind nur vom frühen Frühjahr bis in den späten Herbst hinein zugange. Während die Tiere Winterruhe halten, liegt die Anlage im Zoo verwaist da.

Opa reckt den Hals, denn gerade hat er etwas entdeckt. Angestrengt versucht er zu ergründen, warum außer den niedlichen Erdhörnchen auch noch Spatzen auf der Anlage herumgeistern. „Dort haben Tierpfleger bestimmt Grassamen ausgestreut, um den Grasbewuchs zu verbessern", vermutet er. „Bei so vielen Tieren leiden

die Grasflächen, da muss schon regelmäßig nachgeholfen werden."

Aber für Spatzen ist das eine gute Gelegenheit, schnell und einfach an wohlschmeckende Sämereien zu gelangen. Kein Wunder, dass schon etliche Haussperlinge zwischen den Präriehunden sitzen und eifrig Samen vom gut bestreuten Erdboden aufpicken.

Die hungrigen Wanderer gesellen sich erfreut dazu, doch zum Fressen kommen sie nicht mehr. Im selben Augenblick ertönt nämlich ein helles Bellen und alle Präriehunde verschwinden auf dem schnellsten Weg in einen Bau. Aber dasselbe Signal lässt die Spatzen aufschrecken und hektisch schwirren sie in die Hecke hinter der Tieranlage. Ganz instinktiv verhalten sich auch Opa und seine Enkelkinder so und nun sitzen sie inmitten der anderen. Verwirrt schauen die Spätzchen Opa Gustav an. „Was war denn das?", bedeuten ihre fragenden Blicke. Doch Opa kann ihre stumme Frage nicht beantworten, dafür ist die Lautstärke der fremden Spatzen, die nach dem Schreck aufgeregt durcheinandertschilpen, viel zu hoch.

Erst nach einer Weile hebt Opa laut zu einer Antwort an. „Ein aufmerksamer Wächter der Präriehundkolonie hat mit seinem Bellen die Mitbewohner vor einer Gefahr gewarnt und die Reaktion darauf ist, dass alle rasch in den sicheren Schutz der Erdröhren sausen. Wir können nicht durchschauen, welchen Feind er gerade gemeint hat, aber wir sollten vorsichtshalber auch reagieren, man weiß ja nie. Aber ihr wisst ja längst, die Flucht in den Schutz eines dichten Busches ist immer die richtige Entscheidung."

Die Spatzenkinder nicken zustimmend. Sie wissen sogar, dass es eine lebenswichtige Entscheidung sein kann.

In der Zwischenzeit hat das Spektakel um sie herum etwas nachgelassen, sodass sich Opa mit den Kleinen wieder in normaler Lautstärke unterhalten kann. „Der Warnlaut von Präriehunden ähnelt dem Gebell kleiner Hunde und dieses Bellen hat den Präriehunden auch ihren Namen eingebracht. Aber mit Hunden haben sie nichts gemein. Sie gehören zu den Nagetieren."

Da haben die Kleinen mal wieder etwas gelernt.

„Lasst uns vorsichtig die Lage erkunden", schlägt Opa den Kindern nach einer Weile vor. Wachsam – Opa voran – hüpfen sie auf die äußeren Zweige und spähen argwöhnisch auf die leere Anlage. Da tauchen aus dem Schutz der Löcher die ersten unerschrockenen

Präriehunde auf und nach und nach folgen weitere. War es etwa falscher Alarm?

„Die Luft ist wieder rein!" Dieser Ruf pflanzt sich schnell unter den Haussperlingen fort und einer nach dem anderen schwirrt auf die Anlage zurück. Unter ihnen sind natürlich auch Opa, Heiner, Lisa, Moni und Tine.

Weil offenes Gelände auch immer Feinde anzieht, sind die Bewohner dieser Gebiete beständig auf der Hut. Das demonstriert gerade ein Präriehund, der auf seine Hinterbeine aufgerichtet aufmerksam die Gegend absichert.

Opa deutet in seine Richtung. „Seht, dort drüben hat wieder ein Tier Posten bezogen, um die Umgebung zu beobachten."

Die Sperlingskinder schauen erst dorthin und dann wieder ihren Großvater an, der noch etwas erklärt.

„Der Wächter reagiert auf Gefahren vom Boden und auf welche aus der Luft. Er hat für jeden Fressfeind, sei es ein Kojote, eine Schlange oder ein Greifvogel, einen speziellen Warnruf und schon sind alle in der Umgebung auf die richtige Weise gewarnt. Im Zoo kommen Greifvögel und dreiste Krähen als Feinde aus der Luft infrage und am Boden sind es vorbeischleichende Katzen und Füchse. Aber auch bei jedem Besucher mit einem Hund an der Leine reagieren die Tiere mit aufgeregtem Bellen. Und vorsichtshalber verhalten sie sich genauso bei komischen Gerätschaften wie Kinderwagen, Luftballons oder Regenschirmen. Aber solange Präriehunde entspannt ihren Beschäftigungen nachgehen, sind auch wir in Sicherheit."

Nur eine kurze Freundschaft

Auf der Präriehundanlage sitzen die Spatzengeschwister mitten im Gedränge und genießen ihre Mahlzeit. Nur Tine, das vorsichtigste der vier Sperlingskinder, schaut immer wieder misstrauisch in die Runde. „Keine Angst, Tine. Es passiert schon nichts", versucht Opa sie zu beruhigen.

Doch Tine kann einfach nicht aus ihrer Haut und so macht sie bald eine wundersame Entdeckung. Schüchtern stupst sie Opa Gustav an und wispert ihm zu: „Opa, sieh, welch farbenfroher Spatz dort sitzt!"

Tines Geschwister heben interessiert die Köpfe und blicken sich suchend um, bis sie den anders gefärbten Vogel ausfindig gemacht haben. Opa braucht dazu etwas länger, denn die Sehkraft seiner Augen ist nicht mehr so gut.

„Wo bekommt man denn so schöne grüne Federn her?", fragt Lisa neidisch, denn sie liebt auffällige Farben.

„Typisch Mädchen", denkt sich Heiner und erwidert verächtlich: „Pah, diese Farbe würde dir gar nicht stehen."

Aber Lisa lässt sich von Heiner nicht ärgern, sie lacht fröhlich.

Moni erkennt derweil Einzelheiten. „Der Vogel hat längere Schwanzfedern als wir", stellt sie fest und ihr kommen Zweifel. „Ist das überhaupt ein Haussperling?", fragt sie skeptisch.

Um das zu klären, schlägt Opa Gustav vor, näher heranzufliegen. Sie können nämlich genauso gut dort hinten fressen, aber dabei vielleicht das Rätsel lösen. Sogleich flattern sie los und lassen sich in der Nähe des grün gefärbten Gesellen nieder.

„Was bist du denn für ein bunter Vogel?", fragt Heiner den farbigen Knirps vorlaut.

„Jacki! Komm mal her! Lieber Jacki", kommt prompt als Antwort.

„Der spricht ja! Aber so seltsam", wundert sich Heiner. Er wendet sich neugierig an Opa. „Ist der vornehm?"

Die Mädchen lachen.

„Eigenartig", murmelt Opa und kratzt sich am Kopf.

„Was denn?", fragen die Sperlingskinder erwartungsvoll.

Opa überlegt und brummelt leise vor sich hin. „Wie kommt denn dieser Vogel hierher, wenn es der ist, für den ich ihn halte?" Aber bald ist er sicher, wen er vor sich hat. „Der Vogel ist ein Wellensittich und er ahmt die Sprache der Menschen nach!", verkündet er schließlich triumphierend.

Von dieser Fähigkeit im Tierreich haben die Spätzchen noch nichts gehört. Sie betrachten den merkwürdigen Stimmenimitator eingehend, der zudem ganz vertraut und überhaupt nicht ängstlich ist, aber etwas anderes als die intensiv grüne Färbung und ein krummer Schnabel fallen ihnen dabei nicht auf.

„Wellensittiche können mühelos fremdartige Laute und Geräusche aus der Umgebung nachahmen. Darum imitieren sie in menschlicher Gesellschaft auch auf sehr drollige Art und Weise die Sprache ihrer Besitzer", weiß Opa.

Und wie um das zu beweisen, plappert der Wellensittich noch einmal dasselbe. „Jacki! Komm mal her! Lieber Jacki."

Das bringt Opa auf eine Idee. „Heißt du vielleicht Jacki?", fragt er den Wellensittich gespannt.

„Ja, ich heiße Jacki. Woher weißt du das?" Der Wellensittich zwit-

schert freudig drauflos, denn endlich interessiert sich jemand für ihn.

„Bestimmt haben dich deine Besitzer immer Jacki genannt und irgendwann hast du gelernt, es nachzuplappern", vermutet Opa und Jacki nickt zustimmend. Dann erfahren die Spatzenkinder, dass ein Wellensittich ein kleiner Papageienvogel aus dem fernen Australien ist, der dort in großen Schwärmen die Grassteppen bevölkert und sich von reifen Sämereien ernährt.

Opa schaut nachdenklich von einem zum anderen und stellt schließlich fest: „An sich ähnelt die Nahrungssuche von Wellensittichen sehr der unseren, denn sie trippeln auch in Trupps auf dem Boden herum und halten dabei den Schnabel ebenso wenig still."

Kein Wunder, dass die Spätzchen den Wellensittich auf den ersten Blick mit einem Haussperling verwechselt haben.

Nach einer Weile fragt Lisa skeptisch: „Aber du kommst doch nicht etwa aus Australien, oder?" Sie erinnert sich an die Weltkarte in Opas Bibliothek und darauf liegt Australien nicht einmal in der Nähe von ihrem Zoo. Zudem ist sich Lisa sicher: „So weit kann ein kleiner Vogel bestimmt nicht fliegen."

Und richtig, Jacki hat von Australien noch nie etwas gehört, stattdessen wiederholt er seinen gut einstudierten Spruch. „Jacki! Komm mal her! Lieber Jacki."

Da kommt Opa Gustav in den Sinn, dass der Vogel vielleicht hier aus dem Zoo stammen könnte, denn es gibt eine hübsche Voliere mit vielen verschiedenfarbigen Wellensittichen. „Kommst du aus der Wellensittichvoliere hier im Zoo?", will er von Jacki wissen.

Auch diese Herkunft verneint der Wellensittich prompt, aber er horcht auf. „Es gibt hier Wellensittiche?"

„Natürlich! Wellensittiche sind mit ihrem munteren, zutraulichen Wesen und ihrer erstaunlichen Sprachbegabung nicht nur beliebte Hausgenossen, sie sind ebenfalls gern gehaltene und anspruchslose Volierenvögel. Dabei wurden aus der ursprünglich grünen Wildform mit der Zeit unterschiedliche Farbvarianten gezüchtet, sodass sich die Menschen heute ihre Lieblingsfarbe aussuchen können, wenn sie sich einen Wellensittich zulegen", erzählt Opa Gustav. „Aber wenn du nicht von hier bist, woher kommst du denn dann und warum fliegst du hier im Zoo frei herum?", rätselt Opa immer noch.

Da beschreibt Jacki den neuen Freunden sein bestandenes Abenteuer in allen Einzelheiten. „Ich lebte mit meinen Gefährten, einem sehr netten Mädchen und seinen Eltern, in einer Wohnung, die sich ganz oben in einem sehr hohen Haus befindet. Aber vor zwei Tagen passierte es, dass ein interessanter Lufthauch vom Fenster herangeweht kam. Ich wollte ihn näher untersuchen, doch da hat mich mein Ungestüm aus der Wohnung hinausgetragen. Natürlich wollte ich mich mit heftigen Flügelschlägen abfangen, aber erst einmal draußen, habe ich schnell die Orientierung verloren. Eine Wohnung sieht ja aus wie die andere. Leider ließen auch meine Kräfte schnell nach, denn angestrengtes Fliegen bin ich nicht gewohnt und so ging es immer tiefer. Eine Rückkehr in die Wohnung war somit nicht möglich, aber irgendwann habe ich diesen schönen Park entdeckt. Zum Glück gibt es hier Futter und Wasser." Jacki seufzt erleichtert auf und fügt schließlich freudig hinzu: „Das Schönste an meiner Misere ist jedoch, dass ich euch als Freunde gefunden habe. In eurer Gesellschaft fühle ich mich wohl und nicht mehr so fremd."

Auch die Haussperlinge fühlen sich eigenartigerweise zu dem Wellensittich hingezogen. Das mag wohl daran liegen, dass Wellensittiche, genau wie Spatzen, ein geselliges und geschwätziges Völkchen sind. Bestimmt verstehen sich deshalb alle prächtig. Heiner hofft sogar insgeheim, mit dem jungen Wellensittich männliche Verstärkung für die Wandergruppe gefunden zu haben. Darum fragt er Opa Gustav, ob Jacki sie auf ihrer Wanderung begleiten darf. Doch auch die Mädchen bitten Opa, gemeinsam weiterzuziehen.

Jacki trippelt vor Aufregung hin und her und seine Augen strahlen vor Freude. Er hofft ebenfalls sehr, dass sie ihn mitnehmen.

Den erwartungsvollen Blicken kann Opa Gustav nicht lange widerstehen und lachend willigt er ein. Vermutlich kommt Jacki aus einem der Hochhäuser des nahe gelegenen Wohngebiets und hat nun kein Zuhause mehr. Opa weiß, dass so mancher Wellensittich aus einem versehentlich offen stehenden Fenster entwischt. Haben diese Vögel erst einmal Wind unter die Flügel bekommen, müssen sie einfach fliegen, aber den Weg zurück findet keiner mehr.

Obwohl Opa ein anderes Ziel im Visier hatte, macht sich die bunte Gesellschaft nun zur Wellensittichvoliere auf. Es ist ein schöner Umweg, denn gerade für Kinder, also auch für junge Spatzen, ist die Wellensittichvoliere ein Erlebnis. Dagegen freut sich Jacki auf das Treffen mit seinen Artgenossen.

Als sie an der Voliere ankommen, verweilen schon einige Zoobesucher dort. Für sie ist die Wellensittichvoliere ein magischer Anziehungspunkt, denn viele von ihnen meinen, hier den eigenen Wellensittich wiederzuerkennen. Man kann sogar oft hören, dass die Vögel mit dem Namen des eigenen Hausfreundes gerufen werden.

Nachdem die Gruppe um Opa Gustav auf dem Käfig gelandet ist, hören sie ebenfalls laute Rufe. „Jacki! Jacki, bist du hier? Jacki, komm mal her!"

Verdutzt schaut Jacki sich um und entdeckt in der Besucherschar sein kleines Mädchen von zu Hause. Er überlegt nicht lange, flattert vom Käfigdach herunter und setzt sich zutraulich auf die Schulter der Kleinen.

Das Mädchen spricht glücklich auf ihn ein. „Jacki, da bist du ja, ich habe dich schon überall gesucht. Mein Jacki!"

Nur noch ein beherzter Griff und Jacki kann in einem Pappkarton die Heimreise antreten. Die Kleine bedankt sich überschwänglich bei dem Tierpfleger, der ihr bei der Suche nach ihrem Wellensittich behilflich war und letztlich den kleinen Ausreißer furchtlos ergriffen hat.

Von dieser unvorhersehbaren Wendung überrascht, sitzen die Spatzen ganz starr da. Doch dann erkennen sie das Gute an dieser Geschichte und sie rufen ihrem eben erst gefundenen und doch schon wieder verlorenen Freund zum Abschied herzliche Worte zu. „Mach's gut und viel Glück, Jacki!"

Nachts sind nicht nur alle Vögel grau

Am Abend führt Opa Gustav die Sperlingskinder zu einer uralten Eiche mit mächtigen, knorrigen Ästen. Staunend legen die Spätzchen die Köpfe in den Nacken und betrachten den urigen Baum. Opa zeigt zum Wipfel hinauf und berichtet, dass vor langer Zeit einmal der Blitz in die Krone eingeschlagen hat. So sind dort oben Risse und Spalten entstanden, die der erhabenen Schönheit des Baumriesen wenig schaden, jedoch die Eiche mitsamt den anderen Furchen und Hohlräumen, die alte Bäume nun einmal besitzen, für allerlei Getier interessant machen.

Da ertönt ein kräftiges Klopfen. „Horcht, da hämmert ein Specht. Er klopft den Baum nach Nahrung ab", tschilpt Opa aufgeregt.

Die Sperlingskinder beobachten, wie ein Vogel geschickt an der Baumrinde entlangklettert und den Stamm flink umrundet. Bisweilen macht er einen kurzen Halt, um energisch in das Holz zu hacken, und die Sperlinge können die Farben Schwarz, Weiß und Rot im Federkleid des Klopfers unterscheiden.

„Ein Buntspecht!", erkennt Opa Gustav.

Doch Spechte suchen an starken Bäumen nicht nur Futter wie beispielsweise Insekten, Larven, Baumsäfte oder Nadelbaumsamen. Sie zimmern sich auch Schlaf- und Bruthöhlen hinein, die hinterher so manchem Nachmieter zur Verfügung stehen, erfahren die Spätzchen.

„Auch die Öffnungen und Höhlen dieser Eiche dienen unterschiedlichen Tierarten als Lebensraum, Wohnung oder Unterschlupf", meint Opa. „Selbst Haussperlinge schauen einmal vorbei, wenn sie auf der Suche nach einem geeigneten Nistplatz sind."

Die Sperlingskinder sind von der alten Eiche mächtig beeindruckt, aber schließlich wenden sie sich ihrem Nachtlager zu, welches Opa gleich nebenan in einem dichten Busch ausgemacht hat. Wie zum Abschied trommelt der Buntspecht noch einen kurzen Wirbel, dann ist er ruhig.

Die jungen Haussperlinge hocken sich im Nachtquartier bequem auf die Zweige und schütteln beflissen ihr Federkleid auf, aber eigentlich sind sie noch gar nicht müde. Kurzerhand fängt Opa mit ruhiger und gedämpfter Stimme zu erzählen an, denn das hilft auch Spatzenkindern beim Einschlafen. Doch heute nicht. Heiner rückt währenddessen gar an den Rand des Busches heran, damit er noch einmal hinausspähen kann. Opa hört er nur noch mit halbem Ohr zu, dafür schielt er zur benachbarten Eiche hinüber, wobei er sich ziemlich sorglos aus dem Busch hinausreckt. Und unvermittelt geschieht es. Heiner verliert das Gleichgewicht und fällt von seinem schwankenden Sitzplatz hinab. Er versucht sich noch abzufangen, indem er beim Fallen nach den vorbeisausenden Zweigen greift, aber vergebens. Mit einem ziemlich derben Plumps landet er auf dem Erdboden.

Ächzend rappelt sich Heiner hoch und stützt die Flügel in den schmerzenden Rücken. Zum Glück wächst Gras auf dem Boden, das hat seinen Aufprall etwas gedämpft. Doch wie soll er das bloß den anderen erklären? Bestimmt wird Opa Gustav schimpfen und die Mädchen werden sich kaputtlachen. Verlegen schaut er nach oben, um festzustellen, ob jemand sein Missgeschick mitbekommen hat, doch niemand ist zu sehen. Dafür entdeckt Heiner etwas anderes.

Am dämmerigen Himmel fliegen etliche Vögel in eleganten Schleifen hin und her und fordern Heiner ungewollt zum Mitfliegen auf. Das möchte er natürlich tun, aber nicht ohne seine Schwestern. Die Frage ist nur, wie er wieder unbemerkt zu ihnen gelangen und dabei seine Blamage vertuschen kann. Doch schon schauen sie oben aus dem Strauch.

Moni sieht ihn zuerst. „Seht mal, da unten ist Heiner! Heiner, was machst du denn da?", ruft sie herunter.

Eine geschickte Ausrede fällt Heiner so schnell nicht ein, aber sein Humpeln und schlecht unterdrückte Rückenschmerzen verraten seinen unfreiwilligen Abgang. Er flattert, so schnell es geht, nach oben, gerade rechtzeitig, sonst hätte Opa Gustav sein Verschwinden ebenfalls entdeckt. Die Mädchen kichern schadenfroh, doch sie verraten ihn nicht.

„Kommt sofort in den Schutz des Strauches zurück!", schimpft Opa laut und winkt die Kinder energisch zu sich. „Alle vernünftigen

Vögel haben sich längst einen Platz zum Schlafen gesucht. Jetzt wird es schnell dunkel und dann sind unsere Nachtfeinde unterwegs", erklärt er ziemlich aufgebracht.

Aber Heiner will das nicht einleuchten. „Gerade eben erst habe ich gesehen, dass noch viele Vögel unterwegs sind. Warum dürfen wir nicht zum Fliegen hinaus?", möchte er wissen.

Auch Tine, Lisa und Moni haben von ihren Plätzen aus die Flugkünstler in der Luft entdeckt. „Ja, da oben fliegen Vögel!", bestätigt Moni und sie ist der Meinung, wenn sie gemeinsam mit den Vögeln ein paar Runden drehen, kann ihnen bestimmt nichts passieren.

Schon hüpfen die Geschwister mit flatternden Flügeln auf den Zweigen herum, als wollten sie gleich starten.

Opa Gustav seufzt, denn lieber hätte er einen Sack Flöhe gehütet, doch er wirft trotzdem einen kurzen Blick nach draußen und stellt fest, dass sich tatsächlich etliche gewandte Flieger am dunkler werdenden Abendhimmel tummeln. Aber nicht nur zum Spaß. Opa erkennt, diese Flugkünstler jagen Insekten, und es sind keine Vögel, sondern Fledermäuse. Darauf macht Opa seine Enkelkinder aufmerksam, die sodann mit verblüfftem Gesichtsausdruck nach oben starren, um den Unterschied zu ergründen.

Derweil stellen die Fledermäuse bei der Jagd nach Insekten erstaunliche Flugkünste zur Schau und zeigen den Haussperlingen damit, dass ihre Wendigkeit und Schnelligkeit bestens für den Beutefang im freien Luftraum geeignet sind.

„Dort oben fliegen Abendsegler", verrät Opa den Sperlingskindern und lachend fügt er hinzu: „Mit deren Geschicklichkeit beim Fliegen können wir plumpes Spatzenvolk nicht mithalten."

Beeindruckt lauschen die Spätzchen Opas weiteren Ausführungen.

„Üblicherweise begegnen wir Fledermäusen so gut wie nie, denn sie sind nachtaktiv. Allerdings fliegt der Abendsegler häufig schon in den frühen Abendstunden, sodass man ihn früher auch als Frühfliegende Fledermaus bezeichnet hat. Manchmal fliegen Abendsegler sogar so zeitig, dass sie noch die letzten Schwalben oder Mauersegler am Himmel treffen."

„Ach so", ruft Heiner dazwischen. Er weiß jetzt, an welche Vögel ihn die Fledermäuse die ganze Zeit erinnert haben, aber schon erzählt Opa weiter.

„In einem Park mit vielen alten Bäumen, wie wir sie auch in unserem Zoo finden, sind Abendsegler häufig anzutreffen. Gerade in Baumhöhlen von Eichen finden sie optimale Quartiere", weiß Opa und er vermutet: „Vielleicht sind diese Abendsegler gerade aus einer Höhle, die sich in der Eiche dort drüben befindet, zur Nahrungssuche ausgeschwärmt."

Als Nächstes erfahren die wissbegierigen Spätzchen, dass sich Fledermäuse ihr Futter nicht nur im Flug aus der Luft fangen, sondern es dort auch gleich fressen. Ganz geschickt nehmen sie ihre Schwanzflughaut zu Hilfe, um die gefangene Beute zum Verzehr zurechtzulegen. Dabei kommt Lisa etwas komisch vor. „Warum suchen Fledermäuse ihre Nahrung nicht auf dem Erdboden so wie andere Mäuse auch?", will sie wissen.

Opa schmunzelt, denn mit dieser Frage hat er schon gerechnet. „Fledermäuse sind fliegende Säugetiere, die überhaupt nicht mit Mäusen verwandt sind. Sie gehören zu den Fledertieren, die keine Federn wie Vögel besitzen, sondern ein Fell, und ihre Flügel haben Flughäute", erklärt er.

Dann berichtet Opa von einer anderen Besonderheit, die Fledermäusen eigen ist, denn im Winter halten Fledermäuse Winterschlaf. In sogenannten Winterquartieren, das sind frostfreie Unterkünfte wie zum Beispiel Gebirgshöhlen, Keller oder Baumhöhlen, verschlafen sie die kalte Jahreszeit.

„Aber in Baumhöhlen ziehen Abendsegler auch ihre Jungen groß und ich vermute, dass in der alten Eiche eine Mutterstube ist", verrät Opa als Nächstes.

„Eine Mutterstube?", fragt Tine verwundert.

„Ja, Tine, du hast richtig gehört. Nicht lange nach dem Winterschlaf finden sich weibliche Fledermäuse in anderen Quartieren zusammen, um gemeinsam ihre Jungen zur Welt zu bringen. Es sind immer warme und trockene Unterkünfte, in denen die Jungtiere so lange gesäugt werden, bis sie selbstständig Insektennahrung erbeuten können. Abendsegler nutzen zur Aufzucht gern Baumhöhlen, jedoch finden sich andere Fledermausarten auch hinter Fensterläden oder auf Dachböden zusammen. Fledermausforscher nennen solche Gesellschaften Mutterstube", erklärt Opa. „Aber zu dieser Jahreszeit fliegen Fledermausmütter schon gemeinsam mit flüggen Jungen auf Nahrungssuche. Sie bringen ihnen das Fangen der In-

sektennahrung aus der Luft bei und zeigen ihnen, wo das Futter zu finden ist, denn das müssen die Jungtiere lernen, genau wie es auch bei euch gewesen ist."

„Aber gleich ist es dunkel. Wie finden sie dann ihre Nahrung?", fragt Moni neugierig.

„Wieder so eine interessante Angelegenheit", freut sich Opa über die Frage. „Fledermäuse senden für uns unhörbare Ultraschalllaute aus und fangen das zurückkehrende Echo mit den Ohren auf. Mit dieser Methode erhalten sie im Dunkeln von ihrer Umwelt ein Bild und sie spüren damit ihre Beute auf, wobei sie sogar erkennen, welche Beutetiere es sind. Man kann also sagen, sie sehen mit ihren Ohren. Wir dagegen können uns im Dunkeln nicht orientieren."

Noch eine Weile sitzen die Haussperlinge eng aneinandergedrängt am Rand des Busches und beobachten fasziniert die Fledertiere bei ihrem geräuschlosen Flug am Himmel. Doch dann erlischt das letzte Leuchten der Sonne im Westen und die Nacht bricht an. Die Fledermäuse sind am Nachthimmel nicht mehr zu erkennen und für die kleinen Spatzen ist es allerhöchste Schlafenszeit.

Am nächsten Morgen wacht Heiner als Erster auf. Rasch hüpft er auf einen der äußeren Zweige und späht neugierig hinaus. Doch die nächtlichen Gestalten sind verschwunden und nur die vertrauten Vogelsilhouetten sind zu sehen. Ein wenig enttäuscht kehrt er in den Busch zurück, wo sich die Mädchen gerade verschlafen die Augen reiben. Fragend schauen sie Heiner an, doch der schüttelt den Kopf und berichtet, dass die Fledermäuse verschwunden sind.

„Keine Zeit, um Trübsal zu blasen!" Mit diesen Worten scheucht Opa die Spätzchen aus dem Busch und führt sie zum Frühstück auf eine kleine, mit Unkraut bestandene Wiese.

Die schwierige Suche
nach einem Nachtquartier

Ein dickes, dunkles Wolkenband hängt Unheil verkündend über dem Zoo und schließlich platschen große Wassertropfen auf die ausgetrocknete Erde. Viele Geschöpfe atmen auf, denn auf erfrischenden Regen haben sie schon gewartet. Doch mit der Zeit wird das Prasseln so stark, dass es Opas Wandergruppe in eine breite Ligusterhecke vertreibt. Sie wollen den schlimmsten Regenguss lieber im Trockenen abwarten.

Dieselbe Idee hatten auch andere Haussperlinge aus der Gegend, denn eilig kommen noch weitere Trupps angeschwirrt. Schnell finden alle einen Platz, weil die ersten Ankömmlinge zusammenrücken, und kurze Zeit später lärmt es nach Spatzenart in der Hecke. Fast schaffen sie es, das tobende Wetter zu übertönen. Jedoch dauert der Wolkenbruch länger als erwartet.

Heiner sitzt gelassen inmitten der großen Schar und erinnert sich daran, was sie zu Hause bei Regenwetter gemacht haben. Da haben die Eltern mit ihnen auch zuerst Schutz gesucht, aber danach sind sie zum Baden an die Regenpfützen geflogen.

„Opa, dürfen wir in den Regenpfützen baden?", bittet Heiner, denn damals hat es ihnen großen Spaß gemacht.

Opa Gustav sieht die erwartungsvollen Blicke seiner Enkelkinder und antwortet: „Jeder von uns hat ein gründliches Bad nötig und Zeit zum Rumtollen haben wir auch. Doch warten wir erst einmal ab, bis es draußen etwas ruhiger geworden ist. Dann können wir unbesorgt in die Pfützen steigen."

Die Spätzchen müssen sich länger gedulden, als ihnen lieb ist, doch schließlich verwandelt sich der Wolkenbruch in einen sanften Landregen. Das ist der Startschuss für alle. Im Schwarm flattern sie zu einem etwas holprigen Besucherweg, auf dem sich das Wasser in vielen Lachen gesammelt hat. Auch Opa und seine Enkelkinder stürzen sich ohne Scheu in die Regenpfützen und geben sich leidenschaftlich dem Badevergnügen hin, bis sie nass bis auf die Haut sind.

Nachdem sie wieder trocken und schön geputzt sind, schwirren sie ins Umland zur Nahrungssuche aus, nur um alsbald wieder an die wundervollen Regenpfützen zurückzukehren. Das wiederholen sie einige Male, obwohl nach jeder Rückkehr weniger Betrieb an den Pfützen ist. Aber die Wandergesellen können nicht genug bekommen und vergessen letzten Endes sogar die Zeit.

Irgendwann merkt Opa jedoch, dass es bald dunkel wird, und bevor sie zum nächsten Nachtquartier schwirren können, muss ihr durchnässtes Gefieder erst noch trocknen. Als es endlich so weit ist, setzt schon die Dämmerung ein. Nun brauchen sie viel Glück, um auf die Schnelle ein sicheres und bequemes Plätzchen zum Schlafen zu finden. Die Spatzen blicken sich suchend um, während sie langsam vorwärtsfliegen. Da scheint Heiner etwas gefunden zu haben.

„Dort in dem niedrigen Geäst unter dem Dach können wir schlafen!", ruft er den anderen aufgeregt zu und macht sich auch gleich auf den Weg dorthin. Lässig setzt er sich ins Astwerk und wundert sich überhaupt nicht darüber, wie weich und warm die Äste sind. Er ist nur stolz, dass er einmal vor den anderen eine passende Nachtstätte gefunden hat.

Doch plötzlich schwankt das Astgerüst. Aber nicht so, wie Äste sich normalerweise im Wind wiegen, sondern auf andere, sehr merkwürdige Weise, die ihn stutzig macht. Bevor er aber reagieren kann, gibt es einen gewaltigen Ruck und Heiner wird von seinem Sitzplatz geworfen. Um sich zu retten, flattert er hektisch auf und huscht, so schnell er kann, in das erstbeste Gebüsch. Dort macht er sich mit zittrigen Beinen auf einem Zweig ganz klein.

Opa Gustav ruft besorgt: „Wir halten erst einmal Abstand!" Aus einiger Entfernung hat er das Schauspiel beobachtet und hält die Mädchen eilends davon ab, ebenfalls dorthin zu fliegen.

Dann nähert er sich vorsichtig an, um sich einen Überblick zu verschaffen, und erkennt des Rätsels Lösung. Heiner hat sich im verzweigten Geweih eines Rentierhirsches, der unter dem Vordach gelegen und vor sich hin gedöst hat, niedergelassen. Und das unaufmerksame Spätzchen ist direkt an der Nase des Tieres vorbei in das ausladende Geweih geflattert, weil es dies irrtümlicherweise für eine Baumkrone gehalten hat. Als dann der Hirsch seinen Kopf geschüttelt hat und aufgestanden ist, hat Heiner den Halt auf seinem Sitzplatz verloren.

Beruhigt, dass nicht mehr passiert ist, hopst Opa mit den Mädchen in einen Weißdornstrauch und winkt auch Heiner zu sich. „Komm zu uns in den Weißdorn, Heiner!"

Das lässt Heiner sich nicht zweimal sagen. Gerade noch im letzten Lichtschein des Tages erreicht er den Busch und schlüpft erleichtert zu den anderen. An Schlaf ist jedoch nicht zu denken, weil Heiner von seinem Erlebnis viel zu aufgewühlt ist und die Mädchen ganz genau wissen wollen, was vorhin geschehen ist. Gern klärt Opa die Spätzchen über Heiners Verwechslung auf, was sie nun in der Geborgenheit des Nachtlagers recht lustig finden, und bald löst ihr fröhliches Lachen den Rest der Anspannung. Danach erzählt Opa den Spatzenkindern noch mehr Interessantes über die Rentiere und über den Hirsch mit dem mächtigen Geweih.

„Hausrentiere gehören zur Familie der Hirsche. Ein typisches Merkmal dieser Tiergruppe ist, dass männlichen Tieren jedes Jahr ein Geweih wächst", weiß Opa und er erklärt dann, wie das bei Rentieren geschieht. „Das Wachstum des Geweihknochens beginnt im Dezember unter einer schwarzen, samtweichen und gut durchbluteten Basthaut, aber erst im August des darauffolgenden Jahres ist das Hirschgeweih voll ausgewachsen." Dann wendet sich Opa an Heiner: „Heiner, du hast dich auf so ein Bastgeweih gesetzt. Jedoch nur weil das dunkle, reich verzweigte Geweih wirklich wie das Astgewirr eines Baumes aussieht, hat es dich dazu verleitet, dich da hineinzusetzen. Doch mach dir nichts draus, ich habe sogar schon Zoobesucher sagen hören: Der Hirsch trägt ja einen Baum auf dem Kopf!"

„Jetzt weiß ich, warum es sich so schön weich und warm angefühlt hat", tschilpt Heiner und Opa nickt.

Die Mädchen sind fasziniert und fordern Opa auf weiterzuerzählen. Er tut ihnen gern den Gefallen. „Hirsche von Hausrentieren können im Verhältnis zum Körpergewicht besonders große und damit auch schwere Geweihe ausbilden. Dieser Hirsch hier brachte einmal ein zehn Kilo schweres Geweih auf die Waage, da war er im besten Alter. Und jeder Zoobesucher hat ihn dafür bewundert. Aber genauso interessant ist, dass auch den Weibchen dieser Tierart Geweihe wachsen, jedoch nicht so große wie bei Männchen."

„Oh!", piepst Lisa.

Heiner dagegen beschließt: „Das schauen wir uns morgen gleich mal an."

Opa schmunzelt und setzt seinen Bericht leise zwitschernd fort. „Sind Geweihe ausgewachsen, wird die Basthaut an Asthaufen abgerieben. Der Fachmann sagt dazu, das Geweih wird gefegt. Danach besteht ein Geweih aus dem nackten Knochen. Und weil zur selben Zeit die Brunftzeit einsetzt, dienen die Geweihe bald dazu, mit anderen Kontrahenten um Weibchen zu kämpfen. Brünstige Hirsche sind jedoch ausnahmslos gefährlich und ihrem forkelnden Geweih sollte man nicht zu nahe kommen. Zu hören sind Rentierhirsche dagegen kaum. Sie geben nur ein gedämpftes Grunzen von sich, ganz im Gegensatz zum lauten Röhren unserer heimischen Rotwildhirsche. Während der Brunft fressen Männchen wenig, da haben sie nur noch Augen für die Weibchen. Zu dieser Zeit werden die Jungen gezeugt, die im nächsten Frühjahr geboren werden."

Die Mädchen seufzen und Opa merkt, wie schläfrig sie schon sind. Als er in Heiners Richtung schaut, fallen dem auch gerade die Augen zu. Schnell rücken sie noch etwas zusammen und schon hat die Spatzenkinder der Schlaf übermannt.

Der nächste Morgen wartet erneut mit trübem Wetter auf, trotzdem fliegen die Haussperlinge guter Dinge hinaus. Doch schon nach dem Frühstück reißen die Wolken langsam auf und lassen einzelne Sonnenstrahlen hindurch. Wenig später sitzt Opa mit seinen Enkelkindern vor dem Rentiergehege und sie beobachten den imposanten Hirsch. Heiner kann kaum glauben, dass er sich ein Geweih als Nachtlager ausgesucht hat, und er muss lachen. Vergnügt stimmen die anderen mit ein.

Dann zeigt Opa ihnen die Weibchen und tatsächlich, jedes von ihnen trägt ebenfalls ein kleines Geweih.

Im selben Augenblick entdeckt Moni die Jungen, die ihren Müttern im gemächlichen Tempo folgen. „Dort sind auch noch Kälbchen!", ruft sie erfreut.

„Eine hübsche kleine Rentierherde", schwärmt Tine. Sie hat sich gemerkt, dass Rentiere in großen Herden leben.

Zum Schluss macht Opa Gustav die Spatzenkinder noch auf den aufgeschichteten Asthaufen aufmerksam, der schon für den Hirsch zum Fegen bereit liegt, und dann setzen sie ihre Reise fort.

Die Badeanstalt
am Wasservogelteich

Die Sonne brennt schon wieder von einem strahlend blauen Himmel. Kein Wunder, dass in der flirrenden Tageshitze die Vogelwelt ringsum nur gedämpfte Stimmen hören lässt, die Zootiere träge vor sich hin dösen und selbst die fleißigen Bienen wenig Interesse an den schlaffen Blumen zeigen.

Aus demselben Grund hat sich Opa Gustav mit seinen Enkelkindern gleich nach dem Frühstück in eine schattenspendende Hecke verzogen. Faul sitzen sie auf ihren Plätzen und blinzeln müßig nach draußen. Die wenigen Besucher, die vorbeikommen, können sie an einer Handschwinge abzählen, denn derzeit verbringen die meisten ihre freie Zeit lieber beim Baden.

„Puh, mir ist so warm", jammert Lisa.

Tine beklagt sich ebenfalls. „Ich schwitze auch", japst sie und versucht sich mit den Schwungfedern etwas Luft zuzufächeln.

Die anderen bringen nur ein müdes Aufstöhnen zustande, aber Opa weiß, wo sie sich eine Abkühlung verschaffen können.

„Wir fliegen gleich zum großen Wasservogelteich weiter", verkündet er.

Die Sperlingskinder schauen ihn neugierig an. Vom großen Wasservogelteich haben sie bis jetzt noch nichts gehört, aber Opa klärt sie auf. „Auf dem großen Teich leben etliche Enten und Gänsearten in Gesellschaft mit einer großen Gruppe Flamingos. All diese Vogelarten brauchen Wasser, um sich wohlzufühlen, und eine Teichanlage mit buntem Wassergeflügel finden Besucher richtig toll. Aber für uns Spatzen ist der Teich das schönste Badeparadies weit und breit."

Bei dem Wort Badeparadies horchen die Sperlingskinder auf, jedoch können sie sich darunter nichts vorstellen. Bislang kennen sie nur Pfützen zum Baden.

„Lasst euch einfach überraschen", schlägt Opa vor und die Spätzchen machen sich, von der Aussicht auf eine Abkühlung angespornt, sofort bereit.

„Auf geht's!", gibt Opa fröhlich das Startsignal und gut gelaunt folgen ihm die Jungen. Bald trällern sie sogar ein Wanderlied vor sich hin.

„So ist's recht." Opa wirft seinen Enkelkindern einen liebevollen Blick zu.

Im langsamen Flugtempo, denn bei der Hitze sollte man es nicht übertreiben, folgen sie zunächst einem schnurgeraden Weg an einer kurz gemähten Wiese entlang. Später säumen Hecken den Weg und er windet sich mal hierhin und mal dorthin. Neugierig steigt Heiner in die Luft, um einen Blick über die Hecken hinweg in die Ferne zu erhaschen, und tatsächlich kann er von dort oben eine Wasser-

fläche glitzern sehen. „Das muss der große Wasservogelteich sein", denkt er sich. „Da vorne sehe ich Wasser! Wir sind gleich da!", ruft er begeistert.

Diese Auskunft beflügelt seine Schwestern und im Schatten der Hecken fliegen sie mit ungeahnter Energie weiter. Doch nicht lange, da geht den Sperlingskindern die Puste aus, denn so schnell wie gedacht schaffen sie den Rest der Strecke nicht. Der Weg will einfach kein Ende nehmen.

„Durch die vielen Windungen des Besucherweges ist die Flugstrecke, die wir zurücklegen müssen, länger als die Entfernung, die Heiner aus der Luft gesehen hat", erklärt Opa den verzweifelten Spatzenkindern, aber er versichert ihnen, dass sie es gleich geschafft haben.

Tatsächlich erreichen sie nur kurze Zeit später ihr Ziel und die Spätzchen sind glücklich. Sie beschatten die Augen mit einem Flügel vor der Sonne und begutachten eingehend den Ententeich. Dabei staunen sie nicht schlecht.

„Der Teich ist ja riesig", ruft Heiner.

„Das stimmt", bestätigt Opa. „Und nur von oben aus der Vogelperspektive kann man sein ganzes Ausmaß erkennen, aber so hoch kann kein Spatz fliegen." Sodann führt Opa Gustav die Jungen noch ein kleines Stück weiter zu einem Besuchergitter, auf dem sie es sich bequem machen.

Direkt gegenüber entdecken die Sperlingskinder einen belebten Badeplatz, an dem sich unzählige Haussperlinge im und am Wasser drängeln.

„Das ist die Flamingolagune", berichtet Opa Gustav stolz. „Im Sommer kommt jede Spatzengruppe des Zoos mindestens einmal zum Baden hierher. Sie alle lieben die paradiesischen Bedingungen wie das seichte Wasser und den weitläufigen Strand."

Mit strahlenden Augen registrieren die Spätzchen den Tumult an der Badestelle und Moni fragt ungeduldig: „Fliegen wir jetzt gleich zum Baden?"

„Oh ja!" Auch die anderen wollen los und schauen Opa erwartungsvoll an.

Lachend gibt er sein Einverständnis, möchte aber selbst nicht mit. „Fliegt ruhig allein los. Ich bleibe erst einmal hier und behalte die Gegend im Auge."

Jauchzend schwirren die Sperlingskinder davon und stürzen sich ohne viel Zaudern in die flache Wasserzone hinein. Sie plustern sich auf, tauchen unter, tauchen wieder auf und schütteln sich, sie hüpfen hinaus und wieder hinein und spritzen sich gegenseitig Wasser ins Gefieder, genauso wie es auch die anderen Badegäste tun. Aber schließlich haben sie genug und zitternd hocken sie sich an die Teichkante, um ihr Gefieder in der Sonne trocknen zu lassen. Vergnügt winken sie Opa Gustav zu, doch der sitzt mit geschlossenen Augen ruhig auf der Umzäunung und scheint ein Nickerchen zu machen. Die Spätzchen bedauern, dass er nicht mit dabei war.

Plötzlich schiebt sich ein dunkler, bedrohlicher Schatten über die vier jungen Spatzen und die Luft wird gleich viel kälter. Angstvoll ducken sie sich weg und verharren still, denn mit ihrem durchnässten Gefieder wegzufliegen, das hat wenig Sinn.

Als Erster dreht sich Heiner vorsichtig um und sieht direkt vor seiner Schnabelspitze lange, dunkle Stelzen emporragen. Argwöhnisch wandert sein Blick nach oben, doch die Sonne blendet ihn, sodass er die schattenwerfenden Körper nicht erkennen kann. Derweil stupst Lisa ihre Schwestern an, um mit ihnen gemeinsam einen Blick über die Schulter zu wagen. Als die vier Sperlingskinder feststellen, dass sie sich inmitten mehrerer geheimnisvoller, stelzbeiniger Wesen befinden, ist der Drang zu flüchten einfach übermächtig und sie manövrieren sich schwerfällig aus dem Stelzenwald heraus. Mit Mühe und Not schaffen sie es bis zur Umzäunung, auf der Opa Gustav sitzt. Glücklicherweise nimmt er sie sofort beschützend unter seine Fittiche.

„Das sind doch die Kubaflamingos", spricht er beruhigend auf die Kleinen ein. „Vor denen braucht ihr keine Angst zu haben." Opa hat natürlich nicht geschlafen und das Geschehen am Teich mitbekommen.

Verdattert blicken die jungen Spatzen zur Lagune zurück. Als Erste fasst sich Moni wieder. „Wo kommen die denn auf einmal her?", will sie wissen.

„Die Vögel standen die ganze Zeit unter den tief hängenden Zweigen der Trauerweide dort drüben und waren schlecht zu sehen. Aber ihr hattet ja nur Augen für die Badestelle." Opa lacht freundlich und das löst die Anspannung bei den Sperlingskindern.

Erleichtert ordnen sie ihr Gefieder und lassen es in der leichten Brise vollständig trocknen. Dabei haben sie Muße, das weitere Geschehen am Ententeich zu beobachten.

Rosaroter Flamingoschwarm

Dort, wo eben noch die kleinen Badegäste den Strand bevölkert haben, finden sich immer mehr langbeinige Vögel mit ebenso langen Hälsen ein.

„Das sind also die Kubaflamingos", denken die Sperlingskinder bei sich. Sie beobachten interessiert, wie sich die Vögel zu einem ansehnlichen Schwarm formieren und dann mit erhobenen Köpfen anmutig hin und her schreiten.

„Mir gefallen die Flamingos", tschilpt Moni fröhlich. „Die sind so elegant und sie haben eine wunderschöne Farbe." Sie schaut anerkennend zu den lachsroten Vögeln hinüber. Warum sie eben noch so ängstlich gewesen sind, ist auch ihren Geschwistern rätselhaft.

Die kleinen Zaungäste auf dem Besuchergitter sind jedoch nicht die einzigen, die den Auftritt der hübschen Flamingos verfolgen. Auch etliche Zoobesucher umringen die Anlage und werfen gebannte Blicke auf das Geschehen. Da hören die Haussperlinge zwei ältere Damen von den Flamingos schwärmen.

„Die Vögel haben ja eine herrliche Farbe", ruft die eine fasziniert.

Ihre Freundin nickt, denn sie findet das auch, und sie fügt dem Ausruf noch hinzu: „In der Sonne leuchten die Flamingos besonders schön!"

Die Spatzenkinder kichern, aber Opa nutzt gleich die Gelegenheit, um den Kleinen zu erklären, wie diese intensive Farbe zustande kommt. „Zur Nahrung von Flamingos gehören Krebse, Wasserflöhe und Algen, die rote Naturfarbstoffe enthalten. Sie lagern sich im Gefieder ab und verursachen dort die typische rosarote Farbe. Aber von allen Flamingos haben Kubaflamingos die kräftigste Gefiederfärbung."

Nachdem die Spätzchen gebührend die Farbe bewundert haben, richtet sich ihr Augenmerk auf andere Einzelheiten.

„Die da sehen aus, als ob sie auf einen Stock gesteckt wurden", tönt Lisa vorlaut, weil sie sich wundert, wie einige Tiere dastehen.

Opa kann sich denken, wie sie darauf kommt, und erklärt geduldig: „Die Vögel dort vorn stehen auf nur einem Bein. Das machen Flamingos häufig so, egal, ob im Wasser oder an Land, denn sie müssen ihre nackten Beine regelmäßig wärmen. Dazu ziehen sie ein Bein an den Körper heran, wo es von kuscheligem Gefieder umhüllt wird. Später wechseln die Vögel ihr Standbein, um das andere kalte Bein zu wärmen."

„Ist es nicht anstrengend, auf einem Bein zu stehen?", will Moni wissen.

„Nein, überhaupt nicht. Ein spezielles Gelenk hilft ihnen dabei. Es rastet beim Strecken des Beines ein und lässt die Vögel bequem stehen."

Noch während Opa das Ganze erklärt, ist ein frecher Spruch von einem Jugendlichen zu hören. „Denen haben sie wohl ein Bein abgeschnitten!", ruft er und blickt sich Beifall heischend nach seinen Freunden um.

Entrüstet schauen die Spätzchen von dem Witzbold zu Opa Gustav, aber der zuckt nur mit den Schultern. Besucher kann er leider nicht belehren.

Tine fragt neugierig: „Warum haben Flamingos eigentlich so lange Beine?"

Opa räuspert sich und antwortet: „Flamingos gehören zu den Schreitvögeln, die alle besonders lange und dünne Beine haben. Mit ihnen können sie weit ins Wasser waten, um ausreichend Futter zu finden. Die Kleinsttiere, die Flamingos fressen, wirbeln sie mit tretenden Bewegungen aus dem Bodengrund auf und filtern sie anschließend mit ihrem speziell dafür ausgerüsteten Schnabel aus dem Wasser."

Als vom Teich ein lautes Schnattern zu hören ist, recken die Sperlingskinder neugierig die Hälse. Mit Erstaunen sehen sie, wie die Kubaflamingos geräuschvoll ins Wasser steigen und genau die Art und Weise der Nahrungsaufnahme demonstrieren, die Opa Gustav eben beschrieben hat. Sie beobachten die Darbietung so lange, bis Opa einfällt, dass sie ebenfalls noch Abendessen brauchen.

„Kommt, lasst uns einen Futterplatz suchen", fordert er seine Enkel auf.

Die reißen sich nur ungern los, aber Hunger haben sie auch. Allerdings brauchen die Haussperlinge nicht lange zu suchen, denn an der Futterstelle für die Flamingos steht ein gut gefüllter Napf, der ihnen eine köstliche Abendmahlzeit beschert. Danach finden sie im Schutz der herabhängenden Zweige der mächtigen Trauerweide einen gemütlichen Schlafplatz. Vom Flüstern der feinen Blätter werden die Spatzenkinder schnell in den Schlaf gesäuselt. Sie sind aber auch ziemlich geschafft. Doch Opa ist noch munter. Er hüpft zu einer benachbarten Spatzengesellschaft hinüber, um sich mit den Erwachsenen zu unterhalten. Als sein Blick nach draußen auf die Flamingos fällt, bemerkt er, dass diese sich ebenfalls für die Nacht bereit machen. Den Hals in einer eleganten Windung über den Rücken gelegt, stecken sie den Kopf unter einen Flügel und stellen sich fest auf ein Bein, während das andere angewinkelt im Bauchgefieder

verschwindet. Einige Vögel stehen sogar im Wasser und Opa weiß, damit wollen sie sich vor Feinden schützen.

Als Opa am nächsten Morgen von einem Erkundungsflug in das Nachtquartier zurückkehrt, stellt er fest, dass seine Enkelkinder immer noch schlafen. Sie scheinen heute wohl wieder schwer aus den Federn zu kommen.

„Aufgewacht!", ruft er in die Runde.

Unwillig öffnen die Spätzchen die Augen, dann gähnen sie herzhaft und strecken ihre schweren Glieder. Doch schließlich raffen sie sich auf und fliegen bereitwillig zum Frühstücksbuffet.

Die Kubaflamingos, die schon am frühen Morgen zum Baden im Wasser gewesen sind, putzen gerade gründlich ihr schönes Gefieder und wärmen sich in der Sonne. Der Badestrand ist frei und scheint nun auf den Ansturm der kleinen Sommergäste zu warten. Als Heiner und seine Schwestern sich auf den Weg dahin machen wollen, verbietet es ihnen Opa jedoch.

„Mit vollem Bauch geht es nicht ins Wasser!", belehrt er die Kleinen und führt sie stattdessen zum vertrauten Platz auf dem Besuchergitter.

Nur widerstrebend folgen die Spätzchen ihrem Großvater, doch sie werden mit einer wunderbaren Vorführung belohnt. Auf dem Parkett der Anlage führt der Flamingoschwarm gerade einen balettartigen Tanz auf und die kleinen Zuschauer sitzen wie im Theater auf den besten Logenplätzen. Sie sehen, wie alle Gruppenmitglieder mit aufrechten Hälsen erst in die eine Richtung laufen, abrupt wenden und anschließend in die andere Richtung laufen, und sie sehen, wie sich zuweilen die Köpfe zackig hin und her drehen, während alle Vögel laut im Chor schnattern. Obwohl niemand die Masse dirigiert, bewegt sie sich doch synchron und bietet einen höchst harmonischen Anblick. Vor Begeisterung klatschen die Mädchen mit den Flügeln, aber auch Heiners Augen leuchten, beeindruckt von der Eleganz der Flamingos.

„Da könnt ihr genau sehen, dass Flamingos gern alles gemeinsam tun", bemerkt Opa.

„Einer fängt an und alle machen mit", wirft Tine lachend ein und ihre Geschwister nicken zustimmend.

In der nächsten Zeit beobachten die Sperlingskinder noch öfter dieses schöne Schauspiel. Jedoch vergisst Opa nicht, ihnen auch die anderen Teichbewohner vorzustellen. So erfahren die Spätzchen allerhand Wissenswertes über verschiedene Schwimmenten, Tauchenten, Schwäne, Gänse und Säger. Sie alle unterstützen die Flamingos tatkräftig in ihrem Bemühen, den Zoobesuchern zu gefallen, sei es mit ihrem schönen Aussehen oder mit ihren lärmenden Stimmen. Trotzdem sind die Kubaflamingos die Schönsten im Bunde, wie nicht nur die jungen Spatzen finden.

„Ich muss Mama unbedingt von diesen schönen Vögeln erzählen", nimmt Moni sich vor.

„Wir können ihr eine rosarote Feder mitbringen. Mama liebt schöne Federn", schlägt Lisa vor.

Damit sind die anderen einverstanden.

Dann verschlechtert sich das Wetter unversehens. Fast jeden Tag regnet es und immerzu fegen kräftige Windböen über das Teichgelände. Opa weiß, dass sich damit der Herbst ankündigt. Weil Haussperlinge am Teich jedoch wenig Schutz vor den Unbilden der Natur finden, müssen sie leider Abschied nehmen.

Der Herbst ist da

Vom starken Wind angetrieben, jagen aufgetürmte graue Wolkenberge am Himmel entlang und unter diesem stürmischen Dach vollführen zahlreiche Krähen akrobatische Flugeinlagen. Zuerst hängen sie wie schwarze Drachen in der Luft, doch unvermittelt stürzen sie sich halsbrecherisch in die Tiefe, fangen sich ab und lassen sich von der energischen Luftströmung wieder in die Höhe tragen. Und so wie die Krähen wirbeln auch die ersten verfärbten Laubblätter durch die Luft, bis sie schließlich wie ein bunter Flickenteppich den Boden bedecken. Vom herrlichen Sommer bleiben nur verlockende Erinnerungen.

Ein Sturm, der die Äste der Bäume bedrohlich schwanken und die Zweige wie wild im Wind peitschen lässt, ist nichts für Haussperlinge. Sie schaffen es nicht, gegen starken Wind anzufliegen. Als Opa und seine Enkelkinder einen Unterschlupf in einer dicht verzweigten Ligusterhecke finden, sind sie froh. Auf einem geraden Ast drängen sie sich eng aneinander und atmen erleichtert auf, weil hier drin zum Glück vom Sturm nicht viel zu merken ist. Während draußen der starke Wind vorbeifegt, nutzt Opa Gustav jedoch gleich die Gelegenheit und erzählt von den wechselnden Seiten des Herbstes.

„Nicht immer ist er so stürmisch. Er kann auch ganz sanft sein", teilt er den Spätzchen überraschend mit.

Bei dem Getöse da draußen, können sich die Kleinen das gar nicht vorstellen. Sie schauen Opa ungläubig an.

„Besonders schön ist der Altweibersommer", fährt Opa fort.

„Altweibersommer? Was ist denn das?", tschilpt Heiner dazwischen und grinst seine Schwestern frech an, sodass sie gekränkt dreinschauen.

„Lasst euch nicht ärgern", tröstet Opa sie, und da er aus seinen Schriften weiß, wie die Menschen zu diesem seltsamen Ausdruck gekommen sind, versucht er schnell, die Wortbedeutung zu erklären. „Der Herbstanfang weist oft eine ruhige und sonnige Wetterlage auf, die noch einmal an den Sommer erinnert und Altweibersommer genannt wird. Doch es gibt einen möglichen Grund für diesen Ausdruck. Genau zu dieser Zeit erobern nämlich junge Baldachinspinnen neue Lebensräume für sich, indem sie sich, an festen Spinnfäden hängend, mit der Windströmung davontragen lassen. Und dieses feine Spinngewebe weht dann weit und breit durch das Land. Zugleich fallen viele andere Spinnennetze auf, weil am Morgen darin unzählige Tautropfen silbrig glänzen." Opa schaut belustigt in die staunenden Gesichter der jungen Sperlinge.

„Das möchte ich gern sehen, wie die Spinnen an einem Flugfaden durch die Luft segeln", tschilpt Moni aufgeregt. Natürlich können Lisa und Tine ihre Neugierde auf die fliegenden Spinnen auch nicht verbergen.

„Aber wie kamen die Menschen da auf Altweibersommer?", will Heiner immer noch wissen.

„Erst einmal müssen wir lange Zeit zurückschauen", beginnt Opa, während ihn die Spätzchen erwartungsvoll anblicken. „Früher sagten die Leute weiben anstelle von Spinnweben knüpfen und sie wussten, dass es Spinnennetze vermehrt im Spätsommer gibt, den sie auch als alten Sommer bezeichnet haben. Somit könnte aus diesen altertümlichen Begriffen das Wort Altweibersommer entstanden sein. Jedoch kann genauso gut eine weitere Erklärung passen, denn gleichzeitig erinnerten die herumfliegenden Spinnfäden im ausgehenden Sommer an feines silbergraues Haar von alten Weibern. Manche Leute glaubten, die Weiber hätten sie beim Kämmen verloren. Aber glaubt mir, damals war die Bezeichnung von Frauen als Weiber noch keine Beleidigung", berichtet Opa.

Da ist von Heiner wohl eine Entschuldigung fällig. Als er mit betroffener Miene zu stottern anfängt, winken die Mädchen eilig ab. Sie konnten ihrem frechen Bruder noch nie lange böse sein.

Opa indes bemerkt: „Um den Begriff Altweibersommer, den es im Volksglauben der Menschen schon sehr lange gibt, ranken sich aber noch viele andere Geschichten. Für uns Spatzen sind sie allerdings rätselhaft."

Das macht die Spatzenkinder nur noch neugieriger. „Opa, erzähl uns doch mehr über den Altweibersommer. Wir möchten alles wissen!", bettelt Lisa entschlossen.

Opa Gustav setzt sich etwas bequemer hin und mustert seine Enkelkinder liebevoll. Dann ruft er sich ins Gedächtnis, was er noch darüber gelesen hat. „Hauptsächlich handelt es sich um die ganz eigenen Vorstellungen der Menschen in der damaligen Zeit, als die Wissenschaften noch nicht so weit entwickelt waren. Aber gut, ich will es euch erzählen."

Und so erfahren die Sperlingskinder, dass die Spinnweben sogar für Gespinste von Elfen und Zwergen gehalten wurden. Oder sie wurden Nornen, das sind alte nordische Schicksalsgöttinnen, zugeschrieben, die die Lebensfäden der Menschen spannen. Andere Legenden über die weißen Spinnfäden besagen, die heilige Maria ziehe im Herbst mit zahlreichen Jungfrauen umher und überspanne das Land mit Seide, oder man dachte, die Fäden stammten direkt aus ihrem Mantel, den sie bei ihrer Himmelfahrt trug.

„Das sind ja wunderschöne Geschichten", zwitschert Lisa entzückt.

„Pst!", weist Moni sie zurecht. „Opa, erzähl weiter!" Die jungen Haussperlinge hängen wie gebannt an seinem Schnabel.

Als Opa noch einmal gründlich überlegt, fällt ihm tatsächlich noch etwas ein. „Ich erinnere mich auch daran, dass die Menschen glaubten, wenn sich fliegende Spinnfäden im Haar eines jungen Mädchens verfingen, gäbe es bald eine Hochzeit, verfingen sie sich in Kleidern, sollte es Glück bringen. Und mit dem Tau, der in Spinnweben hängt, sollte man kranke Augen benetzen, das war eine verbreitete Medizin."

Tine kann sich eine Bemerkung nicht verkneifen. „Menschen sind schon komisch", piepst sie.

„Aber das ist doch alles sehr interessant", entgegnet Moni und Lisa stimmt ihr zu.

Opa schmunzelt in sich hinein, dann beendet er das Thema. „Der Altweibersommer ist für Mensch und Tier ein freundlicher Abschied vom Sommer. Die tiefer stehende Sonne taucht die bunte Landschaft in ein weiches Licht und lässt das Herbstlaub besonders schön leuchten. Wir werden bestimmt noch einiges davon sehen", verspricht er den jungen Sperlingen. Gut gelaunt fügt er schließlich hinzu: „Seht ihr, Kinder, der Wind da draußen hat auch sein Gutes. So haben wir viel Zeit, um Geschichten zu erzählen."

Unversehens muss Lisa an ihre liebsten Reiseabenteuer denken und sie kommt ins Schwärmen. „All die schönen Erinnerungen, die wir mit nach Hause nehmen! Mama und Papa werden staunen, was wir alles zu berichten haben", zwitschert sie munter und freut sich auf das Wiedersehen.

Auch die anderen sind auf ihre Gesichter gespannt. Aus Spaß sucht sich jeder schon mal die Geschichten aus, die er den Eltern bei der Rückkehr persönlich erzählen will. Das gibt einen ziemlichen Radau in der Hecke, aber Opa Gustav lächelt zufrieden. Erst nach einer Weile mischt er sich wieder ein.

„Kinder, unsere Reise ist noch lange nicht zu Ende. Ein kleines Stück Weg haben wir noch vor uns. Vielleicht steht euch ja das schönste Abenteuer noch bevor?"

„Können wir denn bei diesem Wetter weiterziehen?", fragt Heiner erstaunt.

„Wir warten jetzt erst einmal ab", antwortet Opa. „Morgen kann die Welt schon ganz anders aussehen, weil der Herbst uns seine schöne Seite zeigt."

Aber am nächsten Tag hat sich der Wind noch nicht gelegt. Auf dem Weg zur Futtersuche müssen die hungrigen Sperlinge gegen starke Windböen ankämpfen. Dafür hilft der Wind ihnen auf dem Rückweg. Er schiebt sie schnell in die Hecke zurück, wo sie sich die Zeit mit Herumhopsen und lautem Tschilpen vertreiben. Opa macht sich auf neugierige Fragen gefasst, denn keines der Spatzenkinder würde je auf die Idee kommen, dass er eine ihrer Fragen nicht beantworten kann. Und Heiner hat auch bald die erste parat.

„Wer macht denn die Blätter bunt?", will er wissen.

Auch die Mädchen schauen Opa interessiert an und rücken etwas näher heran.

Nach einer Weile des Nachdenkens räuspert sich Opa. „Daran haben die Strahlen der Sonne ihren Anteil. Solange ausreichend Sonnenlicht auf die Pflanzen fällt, wird in den Blättern der grüne Farbstoff Chlorophyll gebildet, den alle Pflanzen zum Wachstum und zum Leben brauchen und der die Blätter im Sommerhalbjahr grün färbt." Die Spatzenkinder nicken.

„Wenn aber die Sonne im Herbst an Kraft verliert, verschwindet auch nach und nach die grüne Farbe und es treten andere, ebenfalls in den Blättern vorhandene Farben hervor. So weicht das Grün des Sommers den Farbtönen Gelb, Orange, Rot oder Braun und es entsteht eine wunderschöne, wie mit bunten Farbklecksen verzierte Landschaft. Man möchte sogar meinen, die Pflanzen wetteifern im Herbst um die schönsten Farben." Opa hat sich langsam in Fahrt geredet. Er hält einen Moment inne und holt tief Luft, bevor er zum Ende kommt. „Aber mit der Zeit sterben die Blätter gänzlich ab und fallen schließlich zu Boden. Im Winter dann verharren die kahlen Bäume und Büsche in einer Art Winterruhe. Nur ihre kleinen Knospen versprechen schon neue Blüten und Blätter im nächsten Frühling."

„Opa, du bist der beste Geschichtenerzähler", lobt Moni ihren Großvater. Doch alle wissen längst, er ist nicht nur der beste Geschichtenerzähler, er ist auch der beste Reiseführer und überhaupt der beste Opa aller Zeiten.

Die Gaben der Natur

Der verschwenderischen Blütenpracht im Frühling folgte ein guter Sommer. Er ließ die unterschiedlichsten Früchte der Natur in Hülle und Fülle heranwachsen und jetzt sind die Früchte reif. Schwer hängen schwarz glänzende Beeren an Holunderbüschen, Ebereschen tragen korallenrote Dolden und aus den Sträuchern und Hecken ringsum lugen farbenfroh deren reife Früchte hervor. Auffälliger kann kein Signal für die Vogelwelt sein, sich hier eine schmackhafte Mahlzeit zu holen. Doch die Natur hat noch mehr zu bieten.

Eicheln lösen sich ebenfalls aus ihrer Hülle und fallen, genau wie Bucheckern und Kastanien, auf den Boden. Die gesamte heimische Tierwelt findet nun einen reich gedeckten Tisch. Und da, wo die

Früchte für die Zootiere erreichbar sind, wird auch von ihnen ordentlich zugelangt.

In der Hainbuchenhecke ist es noch schummrig, obwohl sich draußen die aufgehende Sonne über den Horizont schiebt und es immer heller wird. Die Wandergesellen scheinen das in ihrem Nachtquartier zu merken, denn langsam rühren sie sich im Geäst. Heiner rekelt sich genüsslich und streckt abwechselnd seine Flügel, Moni blinzelt schläfrig und gähnt herzhaft, Tine und Lisa putzen eifrig ihr Brustgefieder. Opa Gustav beobachtet die Kleinen bei ihrer Morgentoilette und beschließt, ihnen heute noch ein bisschen Zeit zu lassen. Sie haben es nicht eilig. Erst später hüpfen sie Ast für Ast höher und postieren sich auf den oberen Zweigspitzen.

„Es verspricht ein schöner Tag zu werden", bemerkt Opa mit Blick auf das Wetter.

Anschließend halten alle aufmerksam nach Feinden Ausschau, besonders nach denen aus der Luft, und als sie keine entdecken, schwirren sie munter den Weg an der Hecke entlang. An seinem Ende biegen sie in einen gepflasterten Hof ein, wo sie unversehens auf einen großen Grünfutterhaufen stoßen. Mit Grünfutter wie Gras, Klee und Luzerne werden während des Sommerhalbjahres die Huftiere des Zoos versorgt. Das wissen zumindest alle Haussperlinge der Gegend. Sie haben ganz schnell gemerkt, dass ihnen die gemähten Wiesenpflanzen Nahrung bieten. Deshalb treffen sie sich regelmäßig an diesem Ort zur Futtersuche.

Opa Gustav hüpft mit seinen Enkelkindern zu den anderen Haussperlingen ins Grüne, wo sie eifrig die Halme absuchen. Nach dem gesunden Frühstück blickt sich Opa um und entdeckt an der gegenüberliegenden Hausmauer einen Wildrosenstrauch. An seinen Zweigen hängen zahlreiche Hagebutten, die in der Sonne kräftig rot leuchten.

Es ist ein schöner Kontrast zu den grünen Blättern der Pflanze und für sonnenhungrige Sperlinge ein guter Hinweis auf eine passende Stelle zum Sonnenbaden. Außerdem bieten die Dornen von Wildrosen allen kleinen Vögeln ausgezeichneten Schutz vor Feinden.

„Kommt, Kinder, wir fliegen in den Busch dort drüben", fordert Opa Gustav seine Enkelkinder zum Mitkommen auf.

Sie folgen artig und hüpfen ihrem Opa hinterher in die Zweige.

Auf den sonnigen Sitzplätzen genießen die Haussperlinge die Wärme mit geschlossenen Augen, aber schon bald sollen ihnen verschiedene Verrenkungen dabei helfen, dass die Sonnenstrahlen überall hingelangen. Umständlich strecken sie ihre Flügel oder einen anderen Körperteil der Sonne entgegen, und als sie sich ganz und gar aufplustern, sehen sie mit den hervorschauenden Daunenfedern wie kleine Plüschbälle aus.

Diese Idylle wird auf einmal durch ein fremdes Geräusch gestört. Irgendetwas ist gleich neben ihnen auf die Pflastersteine geprallt. Aufgeschreckt blicken sich die kleinen Sonnenanbeter um und sie sehen, wie sich eine Krähe an ihnen vorbei auf den Erdboden stürzt, dort etwas mit dem Schnabel schnappt und damit in die Höhe fliegt. Neugierig schauen ihr die Sperlinge hinterher. Dann lässt die gewitzte Krähe ihre Beute nochmals auf das Pflaster des Hofes fallen und das eben gehörte, unerfreuliche Geräusch ertönt. Aber dieses Mal ist das runde, undefinierbare Ding am Boden aufgeplatzt und der Rabenvogel kann sich aus den Teilen etwas Fressbares herauspicken.
„Schaut mal, Kinder, die Krähe hat eine Walnuss geknackt!", ruft Opa begeistert. „Manche Krähen haben diese Technik entwickelt, um an das Innere hartschaliger Früchte zu gelangen."
„Das ist ja erstaunlich", piepst Heiner fasziniert und auch die Mädchen sind von dieser Kunst beeindruckt.

Es dauert nicht lange, da ist die Krähe mit einer weiteren Nuss zugange. Irgendwo in der Nähe gibt es Nachschub. Die kleinen Zuschauer hüpfen im Strauch auf andere Zweige, um besser sehen zu können. Eine Weile beobachten sie den Nussknacker amüsiert, da entdeckt Opa, wo die vielen Nüsse herkommen. Um eine weitere Nuss zu holen, verschwindet die Krähe nämlich kurz hinter einer halb offenen Tür.
„Dort wird sicher Futter für die Zootiere aufbewahrt, aber normalerweise ist die Tür verschlossen", vermutet Opa Gustav richtig.
„Woher weiß die Krähe eigentlich, dass es dort Nüsse gibt?", fragt Moni neugierig.
Opa räuspert sich. „Krähen sind gute Beobachter und auch sonst sehr intelligent. Und ihr erinnert euch doch noch, was sie so alles im Schilde führen können?"

Die Sperlingskinder müssen sofort an die Begegnung bei den Uhus denken.

„Jetzt, da die frischen Walnüsse reif sind, bringen Kleingartenbesitzer oft ganze Beutel mit diesen Leckerbissen als Tierfutter in den Zoo. Das entgeht auch den Krähen nicht und sie stibitzen Nüsse, wo sie nur können. Aber bei ihren Aktionen bleiben immer kleine Krümchen übrig, die für uns Spatzen genügen."

„Wir bekommen auch etwas ab?", fragt Tine und hüpft freudig auf ihrem Zweig herum.

Da fährt ein kleiner Traktor mit einem Anhänger in den Hof ein und hält am Futterhaufen an. Davon wird die Krähe verscheucht, die in ihrer Eile eine aufgesprungene Walnuss zurücklässt. Der Fahrer lädt den Hänger mit Grünfutter voll und fährt wieder davon. Das ist für die schaulustigen Haussperlinge der Moment, um sich auf die Nusskrümel zu stürzen. Als alles verputzt ist, fliegen sie eilig in die Deckung des Rosenstrauches zurück.

„Nüsse schmecken gar nicht schlecht", stellt Tine staunend fest.

Moni ist derselben Meinung. „Ja, die sind ganz lecker. Aber ich glaube, ich bin noch vom Frühstück satt."

Während die Spätzchen noch über die Vorzüge von Nüssen nachsinnen, kommt der Traktor zurück und sein Fahrer lädt eine weitere Fuhre Grünfutter auf. Ein Tierpfleger mit einer Schubkarre holt sich ebenfalls einen Teil ab und verlässt damit gemächlich den Hof.

„Seid ihr neugierig und wollt sehen, wer das Grünfutter bekommt?", fragt Opa Gustav seine Enkelkinder. „Dann lasst uns dem Tierpfleger folgen."

Natürlich sind die Sperlingskinder neugierig und sofort zum Abflug bereit. Aber zuerst spähen alle aufmerksam in die Umgebung, bevor sie hinterhereilen. Opa hat den Tierpfleger noch gut im Blick und der Reihe nach folgen ihm Heiner, Moni, Lisa und Tine. Dabei hat Opa Gustav eine Vermutung, wer das Grünfutter bekommen soll, und tatsächlich verschwindet der Tierpfleger an der richtigen Stelle in einem Gehege. Seine Verfolger kommen erst einige Zeit später an, da ist das Futter schon verteilt und eine kleine Schar Haussperlinge sitzt im Grünfutterhaufen.

„Die Haussperlinge haben das Futter bekommen?" Heiner macht
ein ungläubiges Gesicht.

Opa muss lachen und schüttelt den Kopf. „Nun wartet doch mal
ab. Die Sperlinge sind hier auch nur Gäste. Aber gleich seht ihr, für
wen das Grünfutter gedacht ist."

In Lebensgefahr

Die Haussperlinge steuern einen Haselnussstrauch an, der genau vor der Tieranlage steht. Kaum haben sie in seinen Zweigen einen geeigneten Ausguck gefunden, da recken die Sperlingskinder schon neugierig die Hälse, um zu ergründen, für wen das Grünfutter bestimmt ist.

„Ich sehe ein Känguru!", ruft Lisa aufgeregt, als sich aus dem dunklen Schatten ein Tier löst und sich mit gleichmäßigen Sprüngen dem Futterhaufen nähert.

„Woher weißt du das?", will Heiner wissen.

„In Opas Bibliothek habe ich Bilder von Kängurus gesehen. Die gibt es in Australien", antwortet Lisa stolz.

Moni fällt etwas anderes ein. „In Australien leben doch auch Wellensittiche. Denkt nur an Jacki! Stimmt's, Lisa?", tschilpt sie laut. Lisa nickt eifrig.

„Ja, das stimmt!", tönen Tine und Heiner ebenfalls.

Einen Moment denken die Spatzenkinder an ihre Begegnung mit Jacki zurück und sie bedauern sehr, dass sie nur so kurz gewesen ist. Aber die Freundschaft zu dem lustigen Wellensittich war etwas Besonderes, da sind sie sich sicher. Opa staunt derweil, was die Spätzchen schon alles gelernt haben, und er bestätigt zufrieden, dass Australien die Heimat der meisten Kängurus ist.

Doch Lisa weiß auch über die hüpfende Fortbewegungsweise von Kängurus Bescheid und teilt den anderen selbstsicher mit: „Kängurus können mit ihren kräftigen Hinterbeinen erstaunlich weite Sprünge machen."

Auch dieses Mal pflichtet Opa ihr bei. „Lisa, du hast vollkommen recht."

„Doch wieso können Kängurus so gut springen?", will Moni wissen.

„So komisch es auch klingen mag, aber die hüpfende Fortbewegung ist eine entscheidende Anpassung an ihren Lebensraum.

Springend können sie mit geringem Energieaufwand schnell große Strecken überwinden und das funktioniert, weil eine elastische Sehnenspannung in den Hinterbeinen Energie speichert, die den nächsten Hüpfsprung ermöglicht."

Die Sperlingskinder sind überrascht, wie wenig Mühe es den Kängurus bereitet, so meisterhaft zu springen. Wenn sie nach Spatzenart pausenlos am Boden umherhüpfen, dann kommt ihnen das immer ziemlich anstrengend vor.

Opa lacht. Dann fährt er unbeirrt fort. „Einige Känguruarten sind riesig, andere eher klein, aber etliche haben ungefähr dieselbe Größe wie diese Bennettkängurus hier."

Währenddessen haben sich noch andere Kängurus am Grünfutterhaufen eingefunden. Doch offenbar ist ein Tier nicht allein zur Futterstelle gekommen, denn aus seinem Beutel schaut neugierig ein Jungtier heraus.

„Ach, wie süß!", entfährt es Tine.

Lisa und Moni können sich dem Charme des vorwitzigen Jungtieres auch nicht entziehen und geben ebenfalls verzückte Kommentare ab. Indes freut sich Opa Gustav über die bereitwillige Demonstration des Känguruweibchens. Sie passt genau zu seiner nächsten Erklärung. „Wie ihr sehen könnt, gehören Kängurus zu den Beuteltieren, bei denen sich die Jungen nach nur kurzer Tragzeit in einem Beutel weiterentwickeln. Bei der Geburt sind Kängurus winzig, blind und taub. Sie schaffen es jedoch, selbstständig in den Beutel der Mutter zu krabbeln und sich dort an einer Milchzitze festzusaugen."

Opa holt einmal tief Luft und fährt dann lebhaft fort. „Mit dem Jungenwachstum vergrößert sich der Beutel und irgendwann wird offensichtlich, dass darin Nachwuchs heranwächst. Später sieht man die Beuteljungen herausschauen oder man kann beobachten, wie sie draußen kurz die Umgebung erkunden. Das ist der Zeitpunkt, an dem auch die Zoobesucher sie entdecken. Doch früher oder später sind die Jungtiere so groß, dass sie nicht mehr in den Beutel passen. Inzwischen ist ihnen ein Fell gewachsen und der nächste Lebensabschnitt, außerhalb des geschützten Beutels, beginnt. Die enge Beziehung zur Mutter bleibt jedoch noch einige Zeit bestehen und währenddessen darf das jugendliche Känguru immer noch an der Zitze weitersaugen."

Opas Bericht ist sehr interessant, aber das Geschehen am Grünfutterhaufen ist es nicht minder. Die Sperlingskinder beobachten fasziniert, wie die Kängurus die grünen Halme, die sie ganz geschickt mit ihren Vorderpfoten festhalten, mit großem Appetit fressen. Auch das Jungtier versucht, sich einen Stängel aus den Pfoten seiner Mutter zu angeln, doch es missglückt ihm. Schließlich schaut es den Halmen, die im Maul der Mutter verschwinden, nur hinterher. Allerdings scheint dieser Misserfolg nicht weiter schlimm zu sein, denn das Junge hängt unbeschwert über dem Beutelrand und lässt eine nackte Schulter sehen. Die Spatzenmädchen kichern.

Als sich das kleine Känguru wieder in den Beutel zurückzieht, meint Moni verständnisvoll: „Es ist sicher müde."

Tine stimmt piepsend zu. „Es ist ja noch so klein."

„Oder es friert. Es hatte ja kaum Fell", vermutet Lisa.

Heiner schüttelt belustigt den Kopf. Worüber sich die Mädchen wieder Gedanken machen ... Aber es stimmt. Kleine Kängurus schlafen viel und brauchen die Wärme des Beutels.

Auf einmal beginnen auch die Sperlingskinder zu frösteln. Sie haben im schattigen Strauch viel zu lange ohne Bewegung auf einer Stelle gesessen und die Herbstkälte ist unter ihr Federkleid gekrochen.

Dagegen kennt Opa ein Mittel. Er macht den Vorschlag, sich noch einmal in die wärmende Sonne zu setzen, und schon sind sie auf der Suche nach einer passenden Stelle. An der nächsten Wegkreuzung späht Opa in alle vier Richtungen und entscheidet sich nach kurzer Überlegung für den linken Abzweig.

„Da vorn sehe ich eine Rosenhecke, die von der Sonne herrlich angestrahlt wird", ruft Opa fröhlich. „Und dem Radau nach zu urteilen, haben sich dort schon andere Haussperlinge eingefunden."

Heiner ist mit der Wahl der Sonnenbank sehr zufrieden. „Hier sind wir richtig", posaunt er laut heraus.

Die Wanderer mischen sich unter die lärmenden Artgenossen und genießen die Wärme in vollen Zügen. Doch auf einmal bleiben alle Schnäbel still und es passieren mehrere Dinge fast gleichzeitig. Ein Schatten rauscht heran und streift knapp an ihnen vorbei, alle Spatzen lassen sich tief in das schützende Geäst fallen und ein herzzerreißendes Tschilpen ertönt.

Danach herrscht Stille.

Die Sperlingskinder wissen nicht, was geschehen ist, aber sie zittern vor Schreck am ganzen Körper.

Da hören sie Opas Stimme Unheilvolles verkünden. „Es hat einen von uns erwischt." So eng es geht, rücken die Spätzchen an Opa Gustav heran und klammern sich verstört an ihrem Sitz fest. Unbewusst halten sie den Atem an.

„Nur ruhig", flüstert Opa ihnen zu und nach einer kleinen Ewigkeit gibt er Entwarnung. „Ich glaube, die Gefahr ist vorüber."

Die verschreckten Kleinen atmen mehrmals tief durch, doch der Schreck wirkt noch eine Weile nach. Und das ist auch gut so, findet Opa.

„Da seht ihr mal, wie schnell es gehen kann, wenn man nicht immer auf der Hut ist."

„Ja, Opa, du hast natürlich recht." Nicht nur Moni stimmt ihrem Opa eifrig zu.

„Das war der Sperber", erklärt Opa Gustav dann. „Als gewandter Vogeljäger stößt er blitzschnell zu."

Bei seinen nächsten Worten meinen die Sperlingskinder, wieder die Warnungen ihrer Eltern zu hören, die ihnen zu Hause schon die Gefährlichkeit dieses Beutegreifers aufgezeigt haben. Das finden sie ganz schön unheimlich. „Seid ihr erst einmal in seine Fänge geraten, gibt es keine Rettung", hatten Elise und Anton prophezeit.

„Ich habe ihn gar nicht kommen hören", wispert Lisa verwundert.

„Sperber sind wahre Meister darin, an Hecken und Büschen überraschend aufzutauchen und blitzartig Beute zu schlagen", erklärt Opa. Und das haben die Sperlingskinder gerade am eigenen Leib erfahren. Als ihnen bewusst wird, wie nah die Gefahr war, wird ihnen noch einmal ganz flau im Magen.

Noch eine Weile herrscht in der Hecke gespenstische Ruhe. Doch bald setzt zaghaftes Piepsen ein und schließlich ertönt das typische Spatzentschilpen wieder in gewohnter Lautstärke.

Buntes Herbstlaub, wohin man schaut

Inzwischen hält das schöne Wetter an und beschert den Spatzen angenehmes Reisewetter.

„Das ist der Altweibersommer", verkündet Opa Gustav gut gelaunt.

Die Sperlingskinder sind ebenfalls ausgelassener Stimmung und fliegen beschwingt durch die faszinierende Herbstlandschaft. Die Blätter der Büsche und Bäume leuchten in den schönsten Farben und die Spätzchen staunen, wie gut doch allen Pflanzen diese bunten Gewänder stehen.

Den goldenen Herbst und seine einzigartige Atmosphäre wollen auch viele Besucher genießen, deshalb bevölkern sie an solch schönen Tagen noch einmal den Zoo. Und es lohnt sich für sie gleich doppelt, denn die Zootiere zeigen sich bei gutem Wetter ebenfalls gern draußen.

Opa Gustav und seine Enkelkinder kommen an voll besetzten Besucherbänken vorbei. Am liebsten würden sie selbst verweilen, aber Opas Ziel ist eine größere Tieranlage. Dort steuern sie zunächst die lange Seitenfront an, die dicht mit Büschen und Sträuchern bepflanzt ist, für Haussperlinge ein Paradies, das natürlich längst von etlichen Artgenossen erobert wurde. Und da, wo man sie nicht sehen kann, da hört man sie. Heiner und seine Schwestern fühlen sich sofort wohl und lassen ihrer Begeisterung freien Lauf.

„Oh, hier ist es wunderschön, schaut doch nur!", schwärmt Lisa lauthals. Sie dreht sich einmal im Kreis und zeigt entzückt auf die goldgelb gefärbten Ahornbäume, die in gleichmäßigen Abständen aus dem farbenfrohen Unterholz ragen und wie Sonnenschirme die Sitzplätze der Spatzen überspannen.

Derweil begrüßt Opa Gustav in der Spatzenmenge alte Bekannte, die sich sehr über den seltenen Besuch freuen. Nachdem Opa seine Enkelkinder vorgestellt hat, entsteht ein angeregtes Gespräch. Wenn Ältere sich unterhalten, dauert das jedoch etwas länger, und nach einer Weile wird den Sperlingskindern langweilig. Sie möchten lieber erkunden, welche Tiere hier leben.

„Opa, dürfen wir uns in der Gegend umsehen?", fragt Moni artig.

„Ich passe auf die Mädchen auf", verkündet Heiner großspurig und alle schauen Opa erwartungsvoll an.

Zuerst guckt Opa etwas zerstreut, aber dann antwortet er. „Natürlich. Hüpft nur los. Doch später treffen wir uns wieder hier, um gemeinsam mit meinen Freunden in den Stall zu fliegen."

Neugierig hopsen die Sperlingskinder von Busch zu Busch.

„Ich bin mal gespannt, welche Tiere hier leben", sagt Tine und blickt sich suchend um.

Moni überlegt, welche Tiere sie noch nicht gesehen haben. Dann fragt sie die anderen: „Wer mag hier nur wohnen, wo so viele Spatzen als Untermieter ihr Auskommen finden?"

„Das hat Opa uns gar nicht erzählt", wundert sich Lisa. Sie schaut sich ebenfalls um, aber andere Haussperlinge, die sie fragen könnten, sind gerade nicht in der Nähe.

Heiner drängt die Mädchen vorwärts. „Nun bummelt doch nicht so!" Er flattert, die Schwestern im Schlepptau, in den nächsten Ahornbaum. Aber hier verhindern große, herbstlich gefärbte Blätter die Sicht.

„Lasst uns hierbleiben. Wir dürfen nicht so weit fliegen, sonst finden wir den Weg zurück nicht mehr", tschilpt Tine ängstlich.

Moni hakt sich bei ihr unter. „Ja, Tine hat recht."

„Dann bleiben wir lieber hier. Im lauschigen Blattwerk können wir doch ganz bequem sitzen und die Sonne genießen", schlägt Lisa vor und die anderen sind einverstanden.

Sie postieren sich nebeneinander auf einem geraden Zweig, so wie Besucher auf einer Bank, und schließen behaglich die Augen. Längere Zeit sitzen sie mucksmäuschenstill da. Aber irgendwann beginnen sie zu zwitschern, denn ihre Schnäbel können nicht lange stillstehen.

Plötzlich piepst Tine vor Schreck laut auf. „Was war das?" Sie macht einen kleinen Hüpfer und starrt die angrenzende Blätterwand entgeistert an. Sie kann erst einmal nichts Außergewöhnliches entdecken, aber dann fängt die Laubwand bedenklich an zu schwanken. Oder schwankt ihr Sitzplatz auf dem Baum? Ein Schwindelgefühl erfasst Tine, sodass sie sich ängstlich an Heiner klammert. Er versucht, ihr Halt zu geben, aber ihm ist ebenfalls bange, denn jedes der Spatzenkinder hat die Sinnestäuschung bemerkt.

Zum Glück löst sich das Trugbild schnell auf und sie erkennen den Körper eines großen Tieres. Für Spatzen ist es ein gigantisches Tier mit sehr langen Beinen und einem ebenso langen Hals. Gebannt starren die jungen Sperlinge den riesigen Vierbeiner an und dabei fällt ihnen auf, dass sein Fell ein gelb-braunes Netzmuster hat, was den Blättern des Ahornbaumes, in dem sie gerade sitzen, täuschend ähnlich sieht.

Nach dem Angstruf von Tine ist Opa Gustav sogleich zu ihnen geeilt. „Was ist denn passiert?", fragt er argwöhnisch in die Runde.

„Ich habe mich erschreckt, weil sich genau neben mir etwas Großes bewegt hat", berichtet ihm Tine aufgeregt. „Und dann ist dieses turmhohe Geschöpf wie aus dem Nichts aufgetaucht."

„Eine Giraffe!", ruft Opa erleichtert aus. Aber weil Giraffen wahrhaftig die höchsten Tiere der Welt sind, tröstet er die Kleinen. „Vor denen kann man sich schon einmal fürchten."

„Die ist wirklich sehr groß", gibt auch Heiner etwas verängstigt zu. Er reckt den Hals und blickt dem Tier respektvoll ins Gesicht. Die Giraffe hingegen kaut gemächlich vor sich hin und schiebt dabei das Futter im Maul langsam von der einen auf die andere Seite.

„Aber dann hätten wir sie doch sehen müssen", wundert sich Moni.

„Nicht unbedingt", meint Opa. „Das Fellmuster von Giraffen dient der Tarnung, denn es lässt ihre Umrisse gut vor dem Hintergrund verschwinden. Und jetzt ähnelt ihre Fellfärbung dem Herbstlaub ringsherum so sehr, dass ihr die Giraffe neben euch einfach übersehen habt."

„Ach so!", tschilpen die Sperlingskinder. Sie verstehen nun und betrachten das Tier genau.

Tine möchte wissen: „Was tut sie denn hier am Zaun?"

Opa hat auch dafür eine einleuchtende Erklärung. „Die Giraffe hat bestimmt versucht, von den Blättern der Bäume ringsum zu fressen, denn auch in ihrer Heimat Afrika ernähren sich Giraffen in der Savanne vom Laub der Bäume und Sträucher. Sie kommen sogar mit den spitzen Dornen der Akazien zurecht. Wenn sie an solches Laub gelangen wollen, setzen sie ganz geschickt ihre bewegliche Greifzunge und die fleischigen Lippen ein. Doch auch die große Höhe von Giraffen ist eine Anpassung, denn da oben macht ihnen kein anderes Tier das Futter streitig. Giraffenbullen können immerhin fünf Meter hoch werden."

Obwohl die Sperlingskinder aufmerksam zuhören, schweifen ihre Blicke neugierig über die Tieranlage. Dabei entdecken sie noch weitere Giraffen und sie bemerken ein Jungtier, das am Euter seiner Mutter trinkt. Die Giraffe neben ihnen scheint sich jetzt ebenfalls für die Herde zu interessieren, denn sie schlendert mit eleganten, raumgreifenden Schritten zu den anderen zurück. Aber kurz nach ihrer Ankunft setzen sich alle in Bewegung, um gemeinsam zur Tränke zu ziehen.

„Jetzt passt mal auf! Wie Giraffen trinken, das ist sehr interessant", ruft Opa den Kindern begeistert zu. Er bedeutet ihnen, ihm hurtig zu folgen, damit sie die Giraffen beim Trinken beobachten können.

Bei ihrer Ankunft trinkt ein erwachsenes Tier bereits. Es hat die Beine weit gespreizt, damit es das Wasser mit dem Maul erreichen kann. Das sieht sehr unbequem aus, aber auch so spektakulär, wie Opa es angekündigt hat.

„Diese Übung ist bestimmt schwierig", piepst Lisa beeindruckt.

Opa lacht und entgegnet: „Wie du siehst, meistern Giraffen sie trotz ihrer langen Beine mit Bravour. Allerdings sind sie dabei Feinden gegenüber angreifbar. Darum trinken sie nur, wenn sie sich sicher fühlen."

Während sie den Giraffen beim Trinken zuschauen, kommt eine kleine Gruppe Spatzen herangeflogen und legt bei ihnen einen Stopp ein. Eigentlich wollten sie ebenfalls trinken, müssen aber feststellen, dass die Tränke von den Giraffen belegt ist. Mit einem kurzen Gruß schwirren sie daher gleich weiter in Richtung Stallgebäude.

Die Zaungäste sitzen wohl in einer Einflugschneise, denn immer mehr Haussperlinge flattern an ihnen vorbei, den anderen hinter-

her. Die Spätzchen wundern sich über den Trubel und schauen Opa fragend an.

„Sie fliegen in den Giraffenstall zum Fressen", vermutet Opa Gustav und sogleich erinnert er sich an die Verabredung mit seinen Freunden. „Kommt, wir müssen los. Sicher werden wir schon erwartet", tschilpt er eindringlich, aber seine Enkelkinder folgen ihm bereitwillig.

Abenteuer im Giraffenstall

Opa Gustav und seine Enkelkinder werden tatsächlich schon erwartet, und ehe sie es sich versehen, sind sie auf dem Weg zum Giraffenstall. Opa war schon einmal da, aber die Spätzchen wissen noch nicht, was sie erwartet. Als sie durch ein hohes, weit geöffnetes Tor in das imposante Tierhaus schwirren, sind die Sperlingskinder sprachlos. Doch was haben sie sich vorgestellt? Wie groß Giraffen sind, konnten sie schließlich vor Kurzem feststellen. Und dennoch spiegelt sich auf ihren Gesichtern pures Erstaunen, als sie sich im weiten Rund umsehen. Während die Spätzchen die Köpfe in den Nacken legen und zum Dach hochschauen, lassen sich die anderen Haussperlinge schon in den Strohbetten nieder, die von den Tierpflegern für die Giraffen eingestreut wurden.

„Kommt, Kinder! Das Essen wartet", ermuntert Opa die jungen Sperlinge, sich den anderen anzuschließen.

Wenig später landen sie ebenfalls im Stroh und suchen geschäftig nach Futter. Dabei stellen die Spätzchen überrascht fest, dass von den Getreidekörnern, die sie hier finden, bequem eine ganze Mannschaft satt werden könnte. Allerdings finden sie es komisch, dass ihnen Zoobesucher zuschauen. Und es sind nicht einmal wenige. Ein Besucher nach dem anderen durchquert das Haus und jeder blickt auf der Suche nach den Giraffen interessiert durch die Gittermaschen.

„Guck mal, Spatzen, wie drollig", bemerkt ein Zuschauer plötzlich amüsiert und macht damit auch noch andere auf die kleinen Mitbewohner aufmerksam. Sie bleiben natürlich stehen und gucken neugierig.

„Warum schauen denn alle so?" Tine macht diese Zurschaustellung sehr verlegen und auch die Geschwister fühlen sich nicht ganz wohl in ihrem Federkleid.

Die ansässigen Haussperlinge stört das jedoch nicht. Sie haben sich längst daran gewöhnt, dass auf der anderen Seite des Gitters Zoobesucher vorbeispazieren.

Der eine oder andere Besucher stellt unterdessen lauthals fest, dass keine Giraffen da sind. Aber die Belagerung des Stalles durch den Spatzentrupp bringt sie auf einen seltsamen Gedanken. Den geschäftigen Vögeln wird Mundraub unterstellt, denn sie bekommen zu hören: „Guck dir mal die frechen Spatzen an. Die klauen sich Futter."

Moni und Lisa schauen sich empört an und Moni tschilpt entrüstet: „Freche Spatzen? Das ist ja allerhand. Jeder weiß doch, dass der Platz in Ställen für Haussperlinge reserviert ist. Sie haben sich schließlich schon immer dort versorgt!"

Opa versucht, die gekränkten Enkelkinder zu beschwichtigen. „Moni, du hast ja vollkommen recht. Aber Haussperlinge sind heute nicht mehr so häufig wie früher und viele Stadtmenschen kennen unsere Lebensart nicht so gut wie die Menschen vom Land. Für Städter sind im Zoo selbst Haussperlinge eine Attraktion."

Opa schafft es, die Mädchen mit dieser Situation zu versöhnen, sodass sie sich mit der Vorstellung anfreunden können, genau wie die Zootiere im Mittelpunkt zu stehen. Daraufhin präsentieren sich die jungen Sperlinge mit stolzer Brust, tschilpen laut und frech und hüpfen ausgelassen durch das Stroh. Heiner macht sogar einen Purzelbaum und die Mädchen klatschen begeistert in die Flügel. Über so viel selbstgefälligen Eifer schüttelt Opa belustigt den Kopf, aber den Besuchern gefallen die Faxen der niedlichen Vögel. Einige der kleinsten wollen sich gar nicht von den Spatzen trennen, bis sie von ihren Eltern einfach weitergezogen werden.

Unterdessen verlassen viele Sperlinge schon wieder den Stall und schwirren in verschiedene Richtungen davon.

Auf einmal klagt Lisa: „Ich habe Durst."

Auch die anderen möchten trinken. Darum fliegen sie mit dem nächsten Schwung Spatzen aus dem Haus hinaus und hinüber zur Giraffentränke. Die Sperlingskinder trinken gierig, bis sie genug haben, und stellen bei der Gelegenheit fest, dass die hier ansässigen Vögel das Wasserloch auch zum Baden benutzen. Der unerwartete Komfort kommt ihnen gerade recht und Opa Gustav beschließt, noch einige Tage hier in diesem schönen Spatzenrevier zu bleiben.

In der nächsten Zeit wechseln sie regelmäßig zwischen Giraffenstall, der Tränke und einer Hecke, in der sie mit den anderen Haussperlingen nach Spatzenmanier lautstark herumtschilpen, hin und her. Aber die Hecke als Nachtquartier tauschen sie gegen eine Stange des Besuchergitters im Giraffenstall ein, denn im Haus ist es viel interessanter als draußen.

Schon bevor die Giraffen am späten Nachmittag den Stall betreten, begeben sich Opa und seine Enkel nach drinnen. Danach wird das große Tor geschlossen und kein Vogel kann mehr hinein oder hinaus. Zuerst suchen sie sich immer in der Nähe der Tür einen Sitzplatz, damit sie den Einmarsch der Giraffen nicht verpassen. Obwohl die Tiere geradewegs auf die Futterstellen zusteuern, bewahren sie stets ihre Eleganz und schreiten bedächtig vorbei. Nach dieser Darbietung flattern ihnen die Haussperlinge eilig hinterher, um sie beim Fressen zu beobachten.

Allerdings fressen Giraffen nicht vom Erdboden wie andere Huftiere. Das Futter wird ihnen in Höhe der Köpfe angeboten. Für die kleinen Zaungäste gibt es nahebei bequeme Sitzplätze, von denen sie mehrere Futtertröge für Pellets und zwei Metallkörbe, in denen sich blattreiches Luzerneheu befindet, gut im Blick haben. Doch meistens angeln sich die Langhälse zuerst Blätter von belaubten Ästen, die natürlich ebenfalls in luftiger Höhe aufgehängt worden sind. Nur das Jungtier interessiert sich nicht für die feste Kost, es trinkt noch Milch aus dem Euter seiner Mutter.

„Seht nur, wie die Giraffen beim Fressen ihre lange Zunge zu Hilfe nehmen", zwitschert Opa Gustav begeistert, denn Auge in Auge mit einer Giraffe wird ihnen diese Verhaltensweise gerade vorgeführt. Schon tschilpt Opa munter weiter: „Das wird vielleicht das letzte frische Laub gewesen sein, die Blätter fallen ja schon von den Bäumen. Aber damit die Tiere weiterhin Laub fressen können, wurde schon im Sommer welches getrocknet und für den Winter eingelagert." Opa ist sich ziemlich sicher, dass den Giraffen die trockenen Blätter ebenfalls gut schmecken werden.

Doch Opa Gustav weiß nicht nur, was die Tiere als Futter bekommen, sondern auch, dass die Tierpfleger auf eine Leiter klettern müssen, um die Tröge zu füllen. Nur die Heuraufen und das Laub befördern sie mithilfe einer elektrischen Seilwinde nach oben.

In dem Revier von Opas Bekannten fühlen sich die Sperlingskinder bald wie zu Hause. Während die Erwachsenen zusammenhocken, denn sie haben sich immer etwas zu erzählen, erforschen die Jungen den Stall bis in die hinterste Ecke. Dabei begleitet sie der junge Spatz Phillip. Er ist erst im Sommer geschlüpft und damit viel jünger als Heiner und seine Schwestern, aber selbstbewusst führt er die neuen Freunde durch sein Reich.

„Komm, Heiner, ich zeige dir was!" Phillip tut ganz geheimnisvoll. Doch ohne die Mädchen können sich die beiden nicht davonstehlen. Also flattern sie gemeinsam zu den Heuraufen der Giraffen hinüber. Dort fordert Phillip alle auf, sich neben ihn auf den oberen Rand eines Korbes zu setzen. Dann verkündet er stolz: „Ich fahre hier immer Fahrstuhl."

„Was machst du hier?", fragt Heiner verwundert nach. „Du fährst Fahrstuhl?"

„Was ist denn Fahrstuhl fahren?", piepst Lisa neugierig dazwischen.

„Das werdet ihr gleich sehen", verspricht Phillip und auf einmal macht der Heukorb einen Ruck. „Achtung, es geht los!" Vor Aufregung überschlägt sich Phillips Stimme fast.

Und ehe sie es sich versehen, werden die Spätzchen flott nach unten gefahren.

Moni ruft: „Huch, bei mir kribbelt es im Bauch!"

Den anderen ergeht es ähnlich.

Nachdem sie unten angekommen sind, flattern sie Phillip hinterher in Deckung und beobachten von dort, wie ein Tierpfleger die Raufe mit Luzerneheu füllt und dann verschwindet.

„Kommt mit", zwitschert Phillip und saust erneut zum Fahrstuhl hinüber. Gerade haben sie es sich auf dem Fahrstuhlgitter bequem gemacht, da fährt das Gerät auch schon wieder in die Höhe.

„Das macht richtig Spaß", ruft Heiner begeistert und auch den Mädchen gefällt die Fahrt riesig.

„Wie bist du denn darauf gekommen und warum heißt das Fahrstuhl fahren?", fragt Moni gespannt.

Phillip schaut vergnügt in die Runde, bevor er das Geheimnis lüftet. „Als ich noch sehr jung war, da habe ich das Fahrstuhlfahren zum ersten Mal miterlebt. Aber das war eher unfreiwillig", beginnt er seinen erstaunlichen Bericht. Nach einer kleinen Kunstpause fährt er fort. „Nach dem Ausfliegen habe ich mir ausgerechnet den Platz auf einem Korb ausgesucht, um auf meine Eltern und auf Futter zu warten. Der Korb wurde aber als Heubehälter für die Tiere benutzt und von einer Tierpflegerin einmal täglich herunter- und dann wieder hinaufgefahren. Da musste ich natürlich mit."

Heiner und seinen Schwestern bleibt vor Staunen der Schnabel offen stehen.

Phillip lacht darüber und erzählt vergnügt weiter. „Die Tierpflegerin war sehr nett. Als sie mich beim Auffüllen der Raufe entdeckt hat, hat sie mir nichts getan. Im Gegenteil, sie hat mich vorsichtig beiseitegeschoben, die Raufe gefüllt und mich anschließend wieder hineingesetzt. Zum Abschluss hat sie dann gemeint: Nun kannst du wieder Fahrstuhl fahren. Und nach einer Weile ging es in die Höhe. Zu Anfang haben wir es so gemacht, doch später wusste ich, wann ich die Heuraufe verlassen muss. Und wie ihr seht, fahre ich heute immer noch zum Spaß regelmäßig Fahrstuhl."

Eine wundersame Begegnung im Nebel

Eines Tages überrumpelt Opa seine Enkelkinder mit einer unverhofften Ankündigung: „Nach dem Frühstück fliegen wir weiter. Verabschiedet euch und dann geht's los."

Obwohl die jungen Sperlinge wussten, dass ihre Reise irgendwann weitergehen würde, fügen sie sich trotzdem nur schweren Herzens in das Unvermeidliche und nehmen Abschied. Als sie davonflattern, blickt ihnen Phillip traurig hinterher.

Heiner schaut zurück und winkt dem Freund noch einmal zu. „Wir kommen wieder", verspricht er ihm und Phillip winkt erfreut zurück.

Dann konzentrieren sich die Wanderer auf den Weg, der vor ihnen liegt. Zum Glück haben sie gutes Reisewetter, obwohl die Sonne nicht mehr so hoch am Himmel steht wie noch vor einiger Zeit. Und dennoch bringt ihr sanftes Licht die rotgoldenen Blätter der Bäume zum Leuchten und lässt die Spinnfäden, die durch die Luft schweben, glänzen. Gegen Abend fällt die Temperatur allerdings merklich und die Spatzen freuen sich über den Schutz und die Wärme in der Schlafhecke.

„Wie angenehm waren doch die Nächte im Giraffenhaus", seufzt Tine, die mit Wehmut daran zurückdenkt.

„Ja, Tine, hier draußen müssen wir uns erst wieder an die Witterung gewöhnen", entgegnet Opa.

Eng zusammengekuschelt verbringen sie trotzdem eine erholsame Nacht in der Buchsbaumhecke. Indes wartet der nächste Morgen mit anders geartetem Wetter auf. Schon als die Sperlingskinder ihre Augen öffnen, bemerken sie die Veränderung. Opa hüpft voraus, um vorsichtig die Lage zu erkunden, dann winkt er den Spätzchen, ihm zu folgen. Lisa stutzt. „Huch, wir sehen ja gar nichts", ruft sie argwöhnisch.

Und tatsächlich können sie draußen die Flügel nicht vor Augen sehen. Zugleich dringen alle Geräusche seltsam gedämpft zu ihnen durch.

„Heute haben wir Nebel", verrät Opa und klärt die Kleinen sogleich über dieses Wetterphänomen auf. „Genau wie alle Wolken am Himmel besteht Nebel aus winzigen Wassertropfen, nur dass wir ihn am Boden vorfinden. Er bildet sich im Herbst oft, wenn es große Temperaturunterschiede zwischen Tag und Nacht gibt, und es geschieht folgendermaßen: In der warmen Sonne des Tages verdunstet Wasser, das sich daraufhin als Wasserdampf in der Luft befindet. Kühlt nachts die Luft stark ab, entstehen wieder unzählige Wassertröpfchen und wir haben Nebel."

Plötzlich ertönt in ihrer Nähe liebliches Gezwitscher. Zunächst leise wie ein Säuseln, dann immer lauter. Durch den dichten Nebel erkennen die Sperlinge nichts, so angestrengt sie auch gucken. Sie lauschen aber angespannt, um herauszufinden, aus welcher Richtung das Zwitschern kommt.

„Wer singt denn da so bezaubernd?", will Moni wissen, hingerissen von dem schönen Gesang, der das genaue Gegenteil des eintönigen Spatzentschilpens ist.

Tine fragt neugierig: „Opa, können wir den Sänger kennenlernen?"

„Bitte!", piepsen ihre Geschwister ebenfalls, obwohl sie sich fragen, wie sie das bei diesem Nebel anstellen sollen.

„Wenn wir vorsichtig von Ast zu Ast hüpfen, könnten wir uns dem Troubadour gefahrlos nähern", schlägt Opa vor.

Das ist eine gute Idee und die Spätzchen tasten sich, von Opa Gustav geführt, langsam vorwärts. Derweil trällert der Vogel unbeirrt sein Lied, sodass man meinen könnte, er sänge allein für die Spatzen und möchte ihnen die Richtung weisen.

Plötzlich taucht vor den Haussperlingen ein schwebender orangeroter Fleck auf und sie zögern. Doch genau von dort kommt der Gesang. Da nehmen sie all ihren Mut zusammen und verkürzen den Abstand so weit, bis aus dem Nebel die Umrisse eines zierlichen Vogels auftauchen. Wenig später bemerken sie, dass das Tier eine orangerote Kehle besitzt, die jedes Mal erbebt, wenn ein melodischer Triller zu hören ist.

Opa will den Sänger nicht erschrecken, deshalb flüstert er. „Ein Rotkehlchen."

„Wie passend", denken die Kinder bei sich.

„Hallo." Moni piepst ebenfalls leise und das Rotkehlchen hält inne.

„Ich habe euch gar nicht kommen hören, aber kein Wunder bei meinem Spektakel", zwitschert es mit seiner zarten Stimme als Antwort.

„Kein Spektakel! Du hast wunderschön gesungen", wehrt Lisa ab.

„Ja, Spektakel machen nur wir Spatzen", meint Opa.

Das Rotkehlchen tritt verlegen von einem Bein aufs andere, und wäre sein Gesicht nicht schon orangefarben gewesen, könnten die Haussperlinge dort sogar eine aufflammende Röte bemerken. „Wirklich?", fragt es unsicher.

Von den Spatzen kommt es wie aus einem Schnabel zurück: „Wirklich!" Da strahlt das Rotkehlchen vor Freude.

Von Opa erfahren die Sperlingskinder nun: „Rotkehlchen gibt es häufig in strukturreicher Landschaft. Sie lieben Unterholz, reichlich Bodenbewuchs, Gebüsch und Hecken." Das Rotkehlchen nickt eifrig.

„Da haben wir ja Glück, dass es dir in unserem Zoo gefällt", piepst Moni.

„Na klar, es ist doch ein herrlicher Park", bekommt sie prompt zur Antwort.

Indes tschilpt Opa fröhlich weiter: „Obwohl Rotkehlchen eher Zugvögel sind, bleiben einige auch im Winter in ihren Heimatrevieren. Darum können wir ihre wunderschönen Melodien das ganze Jahr über hören."

Das finden die Sperlingskinder erstaunlich. Doch bevor sie darauf eingehen können, sind andere merkwürdige und im Nebel gespenstisch wirkende Rufe zu hören. Gemeinsam mit dem Rotkehlchen horchen sie auf.

„Wer macht denn solche Geräusche?", will Moni wissen.

„Das könnten Weißhandgibbons sein, die hier in der Nähe ihre Anlage haben", glaubt Opa, und nachdem ein zweites Tier einstimmt, ist er sich sicher. „Ja, es ist der typische Duettgesang von Weißhandgibbons."

Dann erzählt er, dass Männchen und Weibchen unterschiedliche Sologesänge haben, die jedoch gemeinsam in einer bestimmten Abfolge vorgetragen werden. Dabei gibt das Männchen eher eintönige Rufe von sich, das Weibchen dagegen lässt recht melodische Tonfolgen hören.

„Weißhandgibbons, was sind denn das für Tiere?", fragt Heiner neugierig.

„Es sind kleine Menschenaffen mit langen Armen, die ihnen im Urwald eine hangelnde Fortbewegung ermöglichen. Schwingen sie sich im Zoo von Ast zu Ast, ist das eine aufsehenerregende Angelegenheit für die Besucher."

So eine tolle Aktion wollen die Spätzchen natürlich auch erleben, da sind sie sich einig. Jedoch bricht erst gegen Mittag die Sonne durch, so wie Opa es prophezeit hat. Aber als sich die Nebelschleier lichten, können sie endlich wieder etwas erkennen. Opa Gustav bemerkt schnell, dass es bis zu den Gibbons nur ein Katzensprung ist, und das Rotkehlchen möchte sie unbedingt begleiten.

„Schaut, die Weißhandgibbons." Opa zeigt auf zwei schwarze Affen, die sich an waagerechten Stangen flott über die Anlage hangeln. Dabei sind die weiß behaarten Hände und Füße, die den Tieren den Namen gegeben haben, deutlich zu erkennen.

Nach einer Weile schwingt sich ein Gibbon in die Spitze einer Mirabelle und fängt zu rufen an.

„Nun haben die Affen genug geturnt", säuselt das Rotkehlchen, aber gleich den anderen legt es neugierig den Kopf in den Nacken, um das weitere Geschehen zu beobachten.

Während der Affe, den Opa als Männchen identifiziert, seine lauten Rufe von sich gibt, hüpft er aufgeregt auf der Stelle und rüttelt kräftig an den Zweigen ringsum.

„Möchte er dem Herbst helfen und die Blätter vom Baum schütteln?", fragt Lisa vorlaut.

Alle lachen übermütig, doch der Affe gerät noch mehr in Rage.

Derweil erklärt Opa: „Weißhandgibbons halten sich in ihrem Lebensraum bevorzugt in der oberen Waldetage auf, sie bewegen sich schwinghangelnd fort und zeigen ihre Reviergrenzen mit typischen Duettgesängen an. Auch im Zoo ruft das Männchen, um mitzuteilen: Hier bin ich. Gleichzeitig will es sein Weibchen zum Mitsingen auffordern. Das heißt dann: Hier sind wir. Und diese Lautäußerungen werden oft von ausgeprägtem Imponiergehabe wie etwa rasantem Hangeln, Hüpfen oder Ästeschütteln begleitet."

In diesem Moment beginnt das Weibchen mit einem sirenenähnlichen Solo und das Männchen schweigt. Doch im Anschluss an die Strophe des Weibchens singt er einen Schlussakkord.

„Singende Affen!", ruft das Rotkehlchen erstaunt. Dann meint es anerkennend: „Dieser Gesang gefällt mir auch sehr gut."

Die jungen Haussperlinge begeistern sich eher für die Lautstärke und die eindrucksvolle Vortragsweise, da sie selbst nur einfache Lieder singen. Doch egal weshalb, alle haben bei den Weißhandgibbons ihren Spaß.

Es ist ein wundervoller Nachmittag, den die Wanderer mit dem Rotkehlchen verbringen, doch dann trennen sich ihre Wege. Für die Sperlinge soll es zum Abendbrot Körner geben, darum schwirren sie geradewegs zu einer Papageienvoliere. Das Rotkehlchen dagegen schlägt sich in die Büsche, um dort nach Insekten zu suchen und um Würmer, Asseln, Spinnen, Käfer und Schnecken unter der Laubschicht aufzuspüren.

Warum Sträucher
auffällige Früchte tragen

Opa Gustav hat gute Erinnerungen an die Papageienvoliere. Dort gab es ein geheimes Schlupfloch, durch das mutige Spatzen in den Käfig und an den immer gefüllten Futternapf gelangen konnten. Nun hofft er, dass das heute auch noch so ist.

„Papageien fressen in erster Linie Körner und Nüsse, obwohl zu ihrem Speiseplan auch Früchte, Knospen, Rinde und anderes Grünzeug gehören", verrät Opa seinen Enkelkindern.

„Körner! Das ist genau das richtige Futter für uns", freut sich Heiner und fliegt eilig vorneweg.

Am Papageienkäfig findet Opa den Einschlupf tatsächlich wieder. Er zeigt den Spätzchen, wie sie am besten durch den schmalen Spalt gelangen können, und mit einigen Verrenkungen schaffen es die Kleinen hindurch.

Als Erste sitzt Moni auf dem Rand des Körnernapfes und schaut neugierig hinein. „Was sind das alles für Sämereien? Die kennen wir ja gar nicht", wundert sie sich und blickt Opa fragend an.

Die anderen staunen ebenfalls. Da fährt Opa mit dem Schnabel hinein, um die Samen zu sortieren, und nennt jeden beim Namen.

„Weiße Sonnenblumenkerne, gestreifte Sonnenblumenkerne, Erdnüsse, Mais, Kardisaat, Haferkerne, Buchweizen, Kürbiskerne, Zirbelnüsse, Mungbohnen, Hanf, Eberesche, Trockengemüse und Erbsenflocken", hören die Sperlingskinder.

„Das kann ich mir nicht merken", stöhnt Heiner und Lisa will wissen: „Opa, woher weißt du das so genau?"

„Könnt ihr euch an den Hof erinnern, wo das Grünfutter angeliefert wurde? In verschiedenen Räumen ringsum werden auch andere Futtermittel, die sich in Säcken befinden, aufbewahrt und an jedem befindet sich ein Etikett mit dem Inhalt und der genauen Zusammensetzung. Kürzlich fand ich vor einer Tür den Zettel für die Papageienmischung und nahm ihn mit in die Bibliothek. Dort habe ich ihn gründlich studiert und mir alle Bestandteile gemerkt", berichtet er und wünscht den Jungen anschließend einen guten Appetit.

Die Körner schmecken köstlich, aber die Spätzchen schweigen während der Mahlzeit, weil sie wissen, mit vollem Schnabel spricht man nicht. Doch hinterher, im Schwarzdorndickicht, kommen sie nicht mehr aus dem Schwärmen heraus. Trotzdem wird ihr munteres Zwitschern irgendwann leiser und schließlich schlafen sie tief und fest.

Am nächsten Tag scheint die Morgensonne direkt auf das Nachtlager, sodass ihre wärmenden Strahlen bis in das Innere zu spüren sind. Vor Wohlbehagen schließen die Sperlinge noch einmal die Augen. Da hören sie draußen jemanden plappern.

„Jetzt sind schon Besucher im Zoo?", wundert sich Lisa.

Tine vermutet: „Vielleicht sind wir zu spät aufgewacht?"

Alle horchen angestrengt, bis einzelne Worte zu verstehen sind.

„Hallo, hallo Jacob! Guten Morgen", ist ganz deutlich zu vernehmen und wenig später wird sogar eine lustige Melodie gepfiffen.

Da lacht Opa herzhaft, weil er das Lied erkennt. „Hänschen klein, ein bekanntes Kinderlied", ruft er erstaunt.

Nun sind die Haussperlinge begierig darauf, den Schwarzdorn zu verlassen, doch draußen sehen sie keine Besucher. Dafür entdecken sie in der Papageienvoliere einen gedrungenen, hellgrau gefärbten Vogel mit kurzem Hals und einem kräftigen Schnabel.

„Ein Graupapagei", stellt Opa fest und erklärt den Spätzchen sogleich, dass der hakenförmige Oberschnabel über dem kleineren

Unterschnabel ein Erkennungsmerkmal für alle Papageienvögel ist.

Der Graupapagei sitzt ebenfalls an einer sonnigen Stelle und genießt die wärmenden Strahlen mit geschlossenen Augen. Trotzdem hält ihn das nicht davon ab, entweder das lustige Liedchen zu pfeifen oder verschiedene einstudierte Sätze zu schwatzen.

„Der ist aber drollig", ruft Lisa.

„Ja, er ist wirklich goldig", bestätigt Tine.

„Und wie gut er sprechen kann", staunt Moni, obwohl sie diese Fähigkeit schon von Jacki, dem entflogenen Wellensittich, kennt.

Doch Opa erklärt ihnen, dass auch Graupapageien wegen ihres großen Nachahmungstalentes von Geräuschen und Wörtern beliebte Heimvögel geworden sind, und er vermutet, dass dieser Vogel einige Zeit allein unter Menschen gewesen ist, wo er etwas von ihrer Sprache aufschnappen konnte.

Nach einer Weile öffnet der Papagei seine kleinen Augen und schaut aufmerksam in die Runde. Dabei entdeckt er die kleinen Zuschauer vor seinem Käfig. Verlegen kratzt er sich mit einem seiner kräftigen Füße hinter dem Kopf. Aber gleich darauf klettert er geschickt durch das verzweigte Geäst, um zu seinen Futternäpfen zu gelangen. Sogleich fällt den Sperlingskindern auf, dass er zum Klettern auch seinen starken Schnabel benutzt und ihm andersherum

seine Füße beim Fressen helfen. Sie staunen, wie meisterlich er mit dem Fuß eine Erdnuss parat hält, während er sie mit dem Schnabel bearbeitet. Derweil berichtet Opa, dass Graupapageien in Zentral- und Westafrika beheimatet sind.

„Dort halten sie sich meist in Bäumen auf, die ihnen Nahrung, Schlafmöglichkeiten und Bruthöhlen bieten. Somit benötigen sie in Menschenhand ebenfalls ausreichend Kletter- und Sitzmöglichkeiten aus Holz. Weil sie jedoch ein starkes Nagebedürfnis haben, sollten diese, so wie auch der Rest ihrer Unterkunft, sehr stabil sein", weiß Opa Gustav.

Nachdem der Papagei genug gefressen hat, fängt er an, sich zu putzen, was er natürlich genauso gewissenhaft erledigt wie die Haussperlinge. Zum Schluss fächert der Graupapagei noch seine kurzen roten Schwanzfedern auf, um sie ebenfalls in Ordnung zu bringen, dann klettert er zurück in die Sonne. Damit ist der Platz am Futter frei und die Haussperlinge schlüpfen wieder in den Käfig. Ihre prallen Bäuche sorgen jedoch auf dem Rückweg für einen kurzen Aufenthalt. Erst nach gegenseitigem Schieben und Ziehen gelingt es ihnen, den Durchlass zu passieren. Glücklich draußen angekommen, können sie sich vor Lachen kaum halten. Erst als sie sich wieder beruhigt haben, ziehen sie weiter.

Am Nachmittag machen die Haussperlinge in einem großen Schneebeerengestrüpp Station. Zu dieser Jahreszeit hängen an den Sträuchern attraktive weiße Früchte, die weithin zu sehen sind. Bald merken die Spatzen, welch magische Anziehungskraft sie auf Menschenkinder haben, denn die kleinen Zoobesucher wissen, dass die beerenähnlichen Früchte beim Zerplatzen einen leisen Knall von sich geben.

Gerade steuert ein Mädchen mit seinem jüngeren Bruder an der Hand zielstrebig auf das Gebüsch zu. „Knallerbsen!", ruft die Kleine erfreut, denn so werden die Beeren im Volksmund genannt.

In bester Laune stellen sich die Kinder auf Zehenspitzen und recken die Arme in die Höhe, um an die weißen Kugeln zu gelangen. Dann werfen sie sie mit Schwung auf den Erdboden und freuen sich über das puffende Geräusch, das beim Aufprall entsteht. Die Sperlingskinder beobachten dieses Treiben fasziniert und würden am liebsten mitmachen. Als die Kinder keine Beeren mehr erreichen können, ergreifen die Spatzenkinder die Gelegenheit und helfen. Geschäftig knipsen sie welche von den Stielen und lassen sie vor die Füße der Kinder fallen. Hurtig werden auch diese Knallerbsen von den Kindern aufgesammelt oder gleich am Boden zertreten. Allerdings bemerkt keines von ihnen, dass sie fleißige Helfer haben.

„Lasst noch welche am Strauch!", ruft Opa nach einer Weile. „Wenn ihr alles hinunterwerft, bleibt für die Vögel im Winter keine Nahrung mehr." Sofort halten die Sperlingskinder inne und Opa erklärt ihnen: „Weil es in der kalten Jahreszeit keine Insekten mehr gibt, müssen sich die Vögel von den Beeren, die noch an den Sträuchern hängen, ernähren."

„Ja, natürlich", erinnert sich Moni. „Das Rotkehlchen zum Beispiel ernährt sich so."

„Oder die Amseln", fügt Tine hinzu.

Opa zählt noch weitere Vögel auf, die von den auffällig gefärbten Beeren angelockt werden, weil sie ihnen als Futter dienen, und nennt anschließend den großen Nutzen für die Gehölze. „Beerensträucher vermehren sich, indem die Vögel mit dem Fruchtfleisch auch die Samen der Sträucher aufnehmen und sie anschließend mit ihrem Kot weit verbreiten."

„Ach, so ist das!", piepst Lisa.

„Erkennt ihr die wichtige Wechselbeziehung zwischen den beiden?", hakt Opa nach.

Die Sperlingskinder nicken eifrig und versprechen, von nun an sorgsam mit den Vorräten der Natur umzugehen.

Ein unheimlicher Untermieter

Obwohl heute wieder ein sonniger Tag ist, hat sich ein starker Wind aufgemacht. Er fegt rasant über die Wege und rüttelt kräftig an den Bäumen. Bei dieser Windstärke haben selbst die inzwischen bräunlich gewordenen Blätter der Eichen keine Kraft mehr, sich an den Zweigen festzuhalten, und tanzend fallen sie zu den anderen auf den Boden. Doch sobald dort die nächste Windböe hineinfegt, fliegt das Laub in einem bunten Wirbel wieder auf.

Das gefällt den jungen Spatzen. Sie hüpfen mit großer Begeisterung in einen zusammengewehten Laubhaufen hinein und tollen wild darin herum. Heiner versucht sogar, das Laub durch Herumflattern wieder in die Luft zu wirbeln. Doch nur der Wind schafft es, die bunten Blätter noch einmal tanzen zu lassen. Dennoch hopsen die vier unverdrossen weiter und Opa Gustav schaut ihnen dabei amüsiert zu. Er weiß, dass Spielen in der Kindheit die wichtigste Sache der Welt ist. Selbst Menschenkinder, die im Herbst mit ihren Eltern den Zoo besuchen, wühlen gern ausgelassen im Herbstlaub herum. Und oftmals spazieren sie anschließend mit einem bunten Blätterstrauß als Souvenir fröhlich weiter.

Jeder Windstoß, der über den Boden fährt, pustet auch das Gefieder der Spatzen gründlich durcheinander. Ein guter Grund, um beizeiten das Nachtquartier aufzusuchen, denn die wirren Federkleider müssen vor dem Schlafen noch geordnet werden. Opa Gustav fliegt zügig voran und die Kinder versuchen, ihm zu folgen.

„Opa, nicht so schnell. Wir können nicht mehr", ruft Moni, obwohl sie mit ihm noch einigermaßen Schritt halten kann. Aber die anderen können dem böigen Wind, der wieder einmal von vorn weht, kaum trotzen.

Sofort verringert Opa seine Fluggeschwindigkeit, damit die Kleinen zu ihm aufschließen können. „Ihr habt es gleich geschafft."

Die Nachricht erleichtert Heiner, doch er jammert: „Ich bin so müde." Er will eigentlich nur noch schlafen.

Mit Müh und Not bringen die erschöpften Sperlingskinder die letzten Meter hinter sich und folgen Opa erleichtert in den immergrünen Feuerdorn, den derzeit weithin sichtbare orangerote Beeren schmücken. Im dornigen Gezweig ist es seltsam ruhig, da der kräftige Wind nur draußen tobt, aber den Spatzen rauschen noch die Ohren. Nach einer kurzen Verschnaufpause raffen sie sich noch einmal auf und bringen ihr Gefieder in Ordnung. Dabei putzen sich die jungen Sperlinge sehr gewissenhaft, denn sie wissen, dass ein gesundes und gepflegtes Federkleid besonders in der kälteren Jahreszeit lebenswichtig ist. Danach genießen sie die Ruhe und Geborgenheit des Nachtlagers.

Den Spätzchen fallen langsam die Augen zu, doch als sie fast eingeschlafen sind, hören sie ein lautes Rascheln und sie sind wieder wach. Alle lauschen angestrengt, doch im Augenblick ist es ruhig. Kaum haben sie sich erneut zusammengekuschelt und die Augen geschlossen, da raschelt es abermals und sie hören ganz deutlich, dass sich in ihrer Nähe auf dem Boden etwas zu schaffen macht. Das bringt die kleinen Spatzen endgültig um den Schlaf und neugierig, wie sie sind, springen sie wieder aus dem Busch heraus und suchen sich auf den Außenzweigen einen Beobachtungsposten. Da vernehmen sie aus dem Laubhaufen unter sich ein eigenartiges Schnaufen und sie bemerken gleichzeitig eine Bewegung. Verwundert schauen sie sich an, aber ihre Augen werden noch größer, als eifriges Schnüffeln und geräuschvolle Nieser ertönen. Da verlässt die Sperlingskinder wieder der Mut und sie halten sich eingeschüchtert an den Flügeln fest.

„Wer rumort denn da?", wispert Moni zaghaft.

Opa drängt sich an ihre Seite und versucht, etwas zu erkennen.

Plötzlich flitzt ein kleines, stacheliges Tier unter dem Busch hervor und die Spätzchen weichen erschrocken zurück. Aber Opa Gustav erkennt das schnaufende Ungetüm und klärt seine Enkelkinder belustigt auf.

„Das ist ein Braunbrustigel. Er hat sicher am Fuß unseres Nachtlagers im angewehten Laubhaufen geschlafen, denn Igel sind hauptsächlich dämmerungs- und nachtaktiv. Meistens wachen sie recht geräuschvoll auf, so wie wir es gerade gehört haben, doch nun hat er es eilig, Futter zu finden."

Trotz ihrer anfänglichen Furcht wollen die Sperlingskinder dem drolligen Igel folgen, ihn näher in Augenschein nehmen und beobachten, was er so anstellt. Während der kleine Stachelritter unter dem Laub oder im angrenzenden Gras schnüffelnd nach Fressbarem sucht, turnen ihm die Spätzchen im Astgewirr hinterher. Hat der Igel etwas gefunden, vertilgt er es mit genüsslichem Schmatzen.

Da fährt Opa mit seiner Erklärung fort. „Igel müssen jetzt noch viel fressen und sich ein kleines Fettpolster anfuttern, denn sie halten Winterschlaf."

„Was fressen Igel denn?", will Moni wissen.

„Sie fressen am liebsten Kleingetier wie Würmer, Schnecken, Asseln und Käfer. Doch obwohl sie Insektenfresser sind, plündern sie auch Mäusenester, wenn sie in ihrem Nahrungsrevier welche finden. Von reifem Wildobst, das im Herbst zu Boden fällt, ernähren sie sich dagegen seltener", weiß Opa.

Während die Kleinen gebannt zuhören, lassen sie den emsigen Igel nicht aus den Augen. Doch der verharrt plötzlich und zieht sich mit einem vernehmbaren Schnaufen zusammen. Dann liegt er still

da, wie eine Kugel, nur dass sie rundherum mit Spitzen besetzt ist. „Was hat er denn jetzt gemacht?", ruft Lisa verblüfft.

„Das Zusammenrollen ist eine Abwehrreaktion und schützt Igel vor Gefahren. Viele Feinde können die stachelbewehrte Außenseite nicht überwinden. Darum warten Igel zusammengerollt so lange ab, bis die Gefahr vorüber ist. Erst danach gehen sie wieder ihrem Treiben nach", antwortet Opa.

„Was hat den Igel denn gestört, dass er sich zusammenrollen musste?", wundert sich Heiner und alle schauen sich suchend um.

Tine entdeckt als Erste den Grund dafür. „Dort sitzt eine Katze auf der Lauer!", ruft sie und weist mit dem Flügel auf den vermeintlichen Feind.

„Ja, Tine, du hast recht. Der Igel hat auf die Katze reagiert", bestätigt Opa ihren Verdacht.

„Heiner, dieses Tier kennen wir! Erinnerst du dich an die schwarzweiße Katze am Imbiss zu Hause?", zwitschert Moni aufgeregt.

Heiner mag nicht mehr daran denken, aber es ist wirklich dieselbe. Auch Lisa und Tine erkennen sie wieder. Von ihrem Instinkt geleitet, flattern die Jungen laut zeternd geradewegs auf die Katze zu und versuchen, sie zu vertreiben.

Der beherzte Angriff überrumpelt die Hauskatze, die bis dahin nur den Igel im Visier hatte, und sie trollt sich schuldbewusst. Die Sperlingskinder jubeln. Sie hätten nicht gedacht, dass ihre Aktion Wirkung zeigen würde. Zugleich mustert Opa sie erstaunt, denn sie haben soeben sehr viel Mut bewiesen.

Der Igel prüft inzwischen die Gerüche der Umgebung auf Sicherheit und wagt es schließlich, seine Stachelabwehr aufzugeben. Noch einen Moment verharrt er mit erhobe-

ner Nase auf der Stelle, bevor er eifrig weitermarschiert. Von der aufopferungsvollen Hilfe der Spatzenkinder hat er allerdings nichts mitbekommen.

Irgendwann verlieren die Sperlingskinder den Igel aus den Augen, weil er sich bei seiner Suche nach Fressbarem immer weiter von ihrem Nachtquartier entfernt. Das ist der Moment, in dem sich die Spatzen wieder in den Busch zurückziehen und einen Schlafast aufsuchen. In ihrem Quartier rücken sie eng zusammen und schon fallen sie in einen erholsamen Schlaf. Für den Igel dagegen beginnt eine arbeitsame Nacht.

Am nächsten Morgen erwachen die Sperlingskinder beizeiten und schon treibt sie die Neugier aus dem Busch. Ihr Interesse gilt dem Laubhaufen am Boden. Obwohl sie ihn gründlich begutachten, können sie keinerlei Anzeichen dafür entdecken, dass der Igel dorthin zurückgekehrt ist. Doch Opa ist sich sicher, dieser Haufen ist ein guter Unterschlupf. Leider wird an vielen anderen Stellen das Herbstlaub viel zu gründlich entfernt. Der Zoo soll nämlich für die Besucher sauber sein. Lässt man allerdings einiges liegen, findet jeder Igel im Zoo ein Bett für den Winter.

Aber so weit ist es noch nicht. Der Herbst gibt nach wie vor den Ton an.

Überraschung bei den Rentieren

Heute wacht Moni vor den anderen auf und schaut sich verwundert um. Auf dem Schwarzdorndickicht, in dem sie die Nacht verbracht haben, liegt ein weißes Pulver. Dadurch erscheint das Licht milchig und von draußen dringen kaum Geräusche herein. Moni wechselt argwöhnisch den Sitzplatz, um eine Lücke zu suchen, durch die sie hinausspähen kann, aber sie findet keine. Darum hüpft sie auf ihren Platz zurück, um in der friedlichen Stille noch ein Weilchen vor sich hin zu träumen. Doch bald wird sie gestört, denn Heiner und die Schwestern rühren sich geräuschvoll.

Als Opa Gustav erwacht, bemerkt er ebenfalls die Veränderung und eröffnet den Sprösslingen freudig: „Kinder, der erste Schnee ist gefallen!"

„Schnee, was ist denn das?", wollen die vier neugierig wissen.

„Kommt, ich zeige es euch."

Die vorwitzigen Spätzchen wollen an Opa vorbei nach draußen hüpfen, doch sie sind eingeschlossen und können sich, so wie Moni vorhin, keinen Reim darauf machen. Erst als Opa vorsichtig an einem Ast rüttelt und ein weißer Schauer niedergeht, ist die Sicht nach draußen frei. Staunend betrachten die Spatzenkinder die Verwandlung, die sich dort über Nacht vollzogen hat. Überall ist die Landschaft mit dem komischen weißen Zeug bedeckt, das Opa Schnee genannt hat. Leise schwebt noch mehr vom Himmel und lässt die flauschige Decke, die schon jetzt alles einhüllt, immer dicker werden. Um die geheimnisvolle Ruhe nicht zu stören, halten die Kleinen für eine Weile den Schnabel. Schließlich teilt Moni den anderen wispernd mit: „Ich habe es schon beim Aufwachen gemerkt."

Lisa und Tine seufzen: „Ach, wie schön." Nur Heiner bleibt weiterhin stumm und betrachtet versunken den Flockentanz.

„Da hat uns der Winter schneller überrascht als gedacht", reißt Opa ihn aus seinen Gedanken. „Kommt, Kinder! Wir schauen uns das mal aus der Nähe an."

Die Spätzchen folgen Opa nur zögernd, aber artig setzen sie sich neben ihn auf einen verschneiten Wacholder.

„Huch, meine Füße werden ja ganz kalt und nass!", empört sich Lisa. Ärgerlich hüpft sie von einem Bein auf das andere.

Heiner versucht, sie zu beschwichtigen. „So schlimm ist es nun auch wieder nicht."

„Doch, ist es", widerspricht Lisa.

Da mischt sich Opa ein. „Ja, Lisa, Schnee ist kalt, denn schließlich entsteht er bei Minusgraden in den Wolken. Kleine Wassertröpfchen gefrieren in Verbindung mit Staubteilchen zu Schneeflocken und fallen anschließend zu Boden. Erwärmt sich der Schnee, zum Beispiel durch warme Füße, dann taut er und verwandelt sich wieder in Wasser. Aber schaut nur, wie hübsch die Flocken aussehen. Jede ist ein kleines Kunstwerk." Opa breitet einen Flügel aus, um einige Schneeflocken aufzufangen, und hält sie den Spätzchen vor die Nase. Aus nächster Nähe erkennen die Kleinen nun, dass eine Flocke aus vielen wundervoll verzweigten Sternchen besteht. Und jeder einzelne Eiskristall kommt ihnen schöner als der andere vor.

Vom langen Stillsitzen bekommen die Spätzchen allerdings kalte Füße.

„Deckt euer Bauchgefieder darüber", schlägt Opa vor.

Das ist ein guter Rat, denn schnell sind die Füße der Spatzenkinder wieder warm. Zufrieden schaut Heiner zum Himmel und lässt Schneeflocken in seinen geöffneten Schnabel fallen. Und wie erwartet schmelzen sie sofort zu kleinen Wassertropfen. Nicht lange darauf sitzen auch die Schwestern mit offenen Schnäbeln da, worüber sich Opa köstlich amüsiert. Dann macht er die Kleinen auf zwei Krähen aufmerksam, die sich den lockeren Schnee vom Boden geschäftig unters Gefieder schaufeln.

„Seht nur, die Vögel baden darin", ruft er.

Doch dessen nicht genug. Im Folgenden beobachten die Sperlinge, wie die Krähen voll Übermut durch den Schnee pflügen, Purzelbäume schlagen oder abschüssiges Gelände hinunterkullern.

„Das scheint den Krähen ja riesigen Spaß zu machen!", ruft Moni belustigt und gemeinsam mit den Geschwistern lacht sie herzhaft über die Albernheiten der schwarzen Vögel.

Opa bestätigt derweil: „Ja, Krähen sind für allerlei Unfug zu haben."

Trotzdem haben die intelligenten Vögel irgendwann genug von ihrem Spiel. Sie flattern auf den Ast einer Eiche und widmen sich der Gefiederpflege.

Da drängt Opa zur Eile. „Wir sollten uns auf den Weg machen."

Die Geschwister sind einverstanden, denn sie wissen, dass die Tage derzeit ziemlich kurz sind. Warum das so ist, das hat ihnen Opa erst vor Kurzem erklärt. Es hat nämlich mit der Laufbahn der Erde um die Sonne zu tun. Während sich der Planet an einem Tag um die eigene Achse dreht, was Tag und Nacht hervorruft, bewegt er sich außerdem im Verlauf eines Jahres um die Sonne. Dabei treffen die Sonnenstrahlen nicht immer gleich auf die Erde, denn die Erdachse steht schräg und das verursacht die Jahreszeiten.

So erreichen die Strahlen der Sonne den Zoo im Sommer am besten, denn dann steht sie hoch und lange am Himmel und sorgt für warme Temperaturen. Die Tage sind lang und die Nächte kurz, ganz im Gegensatz zum Winter. Da schafft es die Sonne nicht weit über den Horizont und alsbald verschwindet sie wieder. Niedrige Temperaturen sind die Folge.

Die Haussperlinge sind noch nicht weit geflogen, da ruft Moni aufgeregt: „Hier waren wir doch schon." Sie blickt sich prüfend um und erkennt schließlich die Rentiere wieder.

„Ja, Moni, wir sind wieder an der Rentieranlage angekommen." Opa flattert auf eine Stange des Besuchergitters und winkt die Jungen zu sich. Erfreulicherweise hat es aufgehört zu schneien und durch eine kleine Wolkenlücke lugen ein paar Sonnenstrahlen hervor.

Die Rentiere bieten in der Winterlandschaft einen schönen Anblick. In dichtes Winterfell gehüllt, wandern sie mit dampfendem Atem durch den Schnee und hinterlassen gut sichtbare Spuren. Drei etwas kleinere Tiere tollen vergnügt herum.

„Die Jungtiere von damals sind ja mächtig gewachsen", stellt Lisa staunend fest.

Heiner dagegen hält nach jemand anderem Ausschau. „Wo ist denn der Hirsch geblieben?", fragt er, denn er kann ihn nicht entdecken.

„Dort ist er doch!" Lachend zeigt Opa auf eines der Tiere.

Heiner fixiert es ungläubig. „Wo denn, dieses da?"

„Genau, das Tier ist es", bestätigt Opa. „Man kann eindeutig erkennen, dass es das größte in der Herde ist, jedoch zu dieser Zeit ohne Geweih. Schließlich sieht die Biologie der Art vor, dass die erwachsenen Rentierhirsche nach der Brunft im September und Oktober ihre Geweihe im November verlieren. Jedoch beginnt das Geweihwachstum bald von Neuem."

„So wie du es uns schon beim letzten Mal erklärt hast", ruft Lisa munter und Opa nickt.

Heiner ist trotzdem etwas enttäuscht, denn ohne sein imposantes Geweih sieht der Rentierhirsch recht unscheinbar aus. Immerhin schmückt ihn ein schönes Winterfell. Es ist insgesamt heller als im Sommer und fast weiß am Hals, an den Schultern und an der Brust. Außerdem hängt eine hübsche, weißliche Mähne vom Hals herab.

Bald darauf schauen sich die Sperlinge nach einem Nachtlager um und entscheiden sich für denselben Strauch wie damals.

„Bis nach Hause ist es nicht mehr weit", informiert Opa die Kleinen. „Das letzte Stück schaffen wir morgen und die Eltern können euch noch bei Tageslicht in Empfang nehmen."

Trotz dieser aufregenden Aussicht schlafen die Spätzchen auch in der letzten Nacht vor ihrer Heimkehr tief und fest.

Glückliche Heimkehr

Als der neue Tag anbricht, sind die Haussperlinge schon wach. Sie hüpfen schnell auf die Spitzen des Weißdorns und schauen aufmerksam zum Himmel empor, um das Wetter zu prüfen. Wie es aussieht, wird es ein schöner Tag.

„Es ist ziemlich kalt geworden", stellt Opa zugleich fest und haucht in seine Flügelspitzen. „Aber seht nur, wie herrlich die Wolken dort am Horizont leuchten."

Alle Blicke richten sich auf das prächtige Farbenspiel, das die tief stehende Morgensonne mit ihren rötlichen Strahlen verursacht.

Moni ist der wundervolle Anblick egal. Sie piepst zitternd: „Mir ist kalt." Dabei entweichen aus ihrem Schnabel kleine Dampfwölkchen, weshalb sie vor Schreck beide Flügel davor schlägt. „Huch, warum dampft es denn aus meinem Schnabel?"

„Das ist dein warmer Atem, der auf die kalte Luft trifft. Er enthält Feuchtigkeit, die in der Kälte kondensiert und als Nebelhauch sichtbar wird", weiß Opa und fügt noch hinzu: „Aus genau demselben Grund hat es gestern aus den Mäulern der Rentiere gedampft."

Natürlich wollen die Geschwister ihren Atem ebenfalls in Nebel verwandeln und zwitschern laut drauflos. Sie geben erst wieder Ruhe, nachdem sich eine beachtliche Dampfwolke über ihren Köpfen gebildet hat.

Opa schaut belustigt zu, dann ruft er: „Passt nur auf, ihr bekommt bald kleine Bärte aus Eis."

„Wie denn das?", will Heiner wissen.

„Die ausgeatmete Luftfeuchtigkeit trifft doch auf die Federspitzen um den Schnabel herum, wo sie bei eisiger Kälte sofort gefriert. Dann heftet sich ein Eiskristall an den anderen und lässt einen lustigen weißen Schnurrbart entstehen."

Vergnügt lärmen die Wanderer noch eine Weile auf den Zweigen, dann erheben sie sich mit surrendem Flügelschlag und schwirren in Richtung Ziegenstall, in dessen Dachgeschoss die Sperlingskinder ihre Kinderstube hatten, davon. Doch weil es sich mit leerem Bauch schlecht wandert, halten sie zuerst nach einem geeigneten Frühstücksbuffet Ausschau. Zum Glück taucht vor ihnen bald das Wisentgehege auf, das für viele Spatzen ein traditioneller Futterplatz ist. Schon beim Anflug bemerkt Opa, dass sie in Ruhe fressen können, denn die Wisente liegen entspannt an der Stelle, wo sonst die Haussperlinge vom Ziegenstall immer ihr Sandbad nehmen. Beschwingt lenkt er die Spätzchen um die Stallecke herum und landet mit ihnen zwischen anderen Artgenossen direkt im Futter.

Während der Mahlzeit beschäftigt Moni immer noch eine Frage. „Warum ist es heute eigentlich so kalt?"

Opa schaut Moni argwöhnisch an. „Du wirst uns doch wohl nicht krank werden?"

„Nein, nein! Gerade ist mir warm. Aber ich wundere mich eben. Gestern war es nicht so kalt."

„Das liegt daran, dass es gestern bewölkt war. Heute dagegen haben wir einen wolkenlosen Himmel, der zu dieser Jahreszeit oft für kalte Temperaturen sorgt. Es ist ein Vorgeschmack auf den nahenden Winter. Aber nun iss dich satt, wir wollen weiter!"

Die Spätzchen beenden schweigend ihr Frühstück, aber mit übermütigem Tschilpen setzen sie ihre Reise fort. Flott schwirren sie Opa hinterher, einen gewundenen Weg entlang und an etlichen mit Schnee bedeckten Hecken und Büschen vorbei. Da taucht vor ihnen der Kiosk auf. „Da ist ja schon der Kiosk! Jetzt sind wir gleich zu Hause", ruft Lisa aufgeregt.

Als sie auf die Terrasse flattern, tschilpt Tine verwundert: „Wie sieht's denn hier aus?"

Auch die Geschwister schauen überrascht auf die leere Terrasse und die geschlossenen Fensterläden.

„Der Kiosk ist zu, weil sich das Geschäft bei so wenigen Besuchern, wie im Winterhalbjahr kommen, nicht mehr lohnt. Die Betreiber haben alles winterfest gemacht", erklärt Opa.

„Das ist aber schade", ruft Heiner enttäuscht, weil ihm die Leckereien der Menschen immer sehr gut geschmeckt haben. „Dann fliegen wir eben weiter", bestimmt er und setzt sich sogleich an die Spitze der Gruppe. Er saust so schnell voran, dass der Rest kaum hinterherkommt, aber ab und zu schaut er zurück, um seinen Schwestern zuzuwinken.

Plötzlich hören die Nachzügler einen dumpfen Aufprall.

„Schnell, Mädchen, da ist etwas passiert", ruft Opa und beschleunigt seinen Flug.

Als sie um die nächste Ecke biegen, sehen sie Heiner benommen vor einer Glasscheibe sitzen. Er stöhnt und hält sich mit beiden Flügeln den Kopf. Opa eilt besorgt zu ihm und nimmt ihn unter seine Fittiche. Er vermutet, dass Heiner eine Kollision mit der Scheibe hatte und jetzt absolute Ruhe braucht. Die Mädchen wollen auch helfen und postieren sich schützend um die beiden herum. Dabei sorgen sie nicht nur für Geborgenheit, sondern auch für gedämpftes Licht. Instinktiv machen sie alles richtig, denn wie sie später erfahren, sind das die wichtigsten Erste-Hilfe-Maßnahmen für auf diese Weise verunglückte Vögel.

Zum Glück dauert es nicht lange, bis es Heiner wieder besser geht. Er hat zwar eine kleine Beule am Kopf, aber sonst keinen weiteren Schaden davongetragen, wie er Opa glaubhaft versichert. Zugleich entschuldigt er sich artig für sein unüberlegtes Handeln. Opa fällt ein großer Stein vom Herzen. Nicht auszudenken, wenn so kurz vor ihrem Ziel noch Schlimmeres passiert wäre. Als sie sich erneut in Bewegung setzen, geschieht das zunächst vorsichtig, doch schon bald geht es wieder munter vorwärts.

„Da vorne ist es", tschilpt Opa auf einmal laut.

Die Jungen schauen erwartungsvoll nach vorn, doch in der verschneiten Landschaft kommt ihnen ihr Heimatrevier völlig fremd vor. Selbst die Birke und die Hecke am Haus tragen anstelle von Laub weiße Mützen aus Schnee. Vorsichtig hüpfen die Spätzchen Opa hinterher auf ein kleines Fensterbrett am Stall. Aus dem Raum dahinter ergießt sich behagliches Licht nach draußen und sie spähen neugierig durch die Fensterscheibe.

„Es ist der Hühnerstall", erkennt Tine erfreut, denn sie weiß, die Hühner leben im selben Gebäude wie die Ziegen.

„Und dort sitzen Mama und Papa!" Moni hat ihre Eltern sofort inmitten anderer Haussperlinge, die gerade den Körnernapf der Hühner belagern, entdeckt.

Die Sperlingskinder stellen sich auf Zehenspitzen und machen einen langen Hals, damit sie besser sehen können. Dann flattern sie wild mit den Flügeln, denn sie wollen sich bemerkbar machen, aber ohne Erfolg.

Lisa hat eine Idee. Sie klopft mit ihrem Schnabel an das Fenster, aber erst als auch die Geschwister an das Glas hämmern, schauen die Eltern auf. Sogleich huscht Erkennen über ihre Gesichter. Während sich Elise vor Verblüffung den Flügel vor den geöffneten Schnabel hält, winkt Anton freudig. Dann zwängen sich die Eltern eilig durch einen Türspalt ins Hausinnere, huschen durch eine offen stehende Luke nach draußen, schwirren um die Hausecke herum und tauchen schließlich auf dem Fensterbrett auf. Ihre Freude wird noch größer, als sie erkennen, dass Opa Gustav mit von der Partie ist, und mit viel Trara fallen sich alle um den Hals.

Nach dieser ausschweifenden Begrüßung laden Anton und Elise die Wanderer zu einem Körnermahl ein und so plündern heute ein paar Spatzen mehr den Futternapf der Hühner. Danach ziehen sie in eine Ligusterhecke um, die gerade der Hauptschlafplatz der Spatzen vom Ziegenstall ist. Für Besuch gibt es genügend Platz, aber trotzdem wird es eng um Elises und Antons Familie. Weil sich die Ankunft der Weltenbummler in Windeseile herumgesprochen hat, sind neugierige Nachbarn von nah und fern herbeigeeilt. Alle sind auf die Geschichten der Ankömmlinge gespannt.

Zuerst zwitschern die fünf Spatzen durcheinander, doch dann einigen sie sich darauf, dass Opa der bessere Geschichtenerzähler ist. Schon bald hängen sämtliche Haussperlinge gebannt an seinem Schnabel. Während er seinen fantastischen Reisebericht zum Besten gibt, halten die Zuhörer gelegentlich die Luft an, schütteln ab und zu den Kopf oder geben erstaunte Rufe von sich. Die Abenteuer, die er schildert, sind auch wirklich sonderbar.

Aber ihr, liebe Kinder, kennt sie ja bereits.

Die Autorin

Ellen Driechciarz

1963 in Sömmerda geboren und wohnhaft in Zielitz, Sachsen-Anhalt, verheiratet und eine erwachsene Tochter. Im Zoo Magdeburg von 1980 bis 1982 Ausbildung zum Zootierpfleger, von 1987 bis 1989 Weiterbildung zum Zootiermeister und dort bis heute tätig. Ehrenamtliches Engagement in der Stadt Magdeburg als Naturschutzbeauftragte und Naturschutzbeauftragte im Bördekreis. Einige wissenschaftliche und populärwissenschaftliche Veröffentlichungen.

Was die Spatzen im Zoo von den Dächern pfeifen – Wahre Geschichten einer Abenteuerreise ist ihr erstes Kinderbuch.